GUERRAS HÍBRIDAS
das revoluções coloridas aos golpes

ANDREW KORYBKO

GUERRAS HÍBRIDAS
das revoluções coloridas aos golpes

1ª edição
Expressão Popular
São Paulo – 2018

Copyright © 2015, Корыбко, Эндрю

Projeto do Institute for Strategic Studies and Predictions PFUR
www.isip.su
Título original: *Hybrid Wars*: the indirect adaptive approach. To regime change. Moscow.
Peoples' Friendship University of Russia. 2015

Tradução: *Thyago Antunes*
Revisão: *Miguel Yoshida*
Projeto gráfico e diagramação: *Zap design*
Capa: *Lucas Milagres*
Impressão e acabamento: *Cromosete*

Dados Internacionais de Catalogação-na-Publicação (CIP)

K85g	Korybko, Andrew Guerras híbridas: das revoluções coloridas aos golpes. / Andrew Korybko; tradução de Thyago Antunes.-- 1.ed.—São Paulo : Expressão Popular, 2018. 173 p. Projeto do Institute for Strategic Studies and Predictions PFUR – www.isip.su Indexado em GeoDados - http://www.geodados.uem.br. ISBN 978-85-7743-338-4 1. Guerra híbrida. 2. Revolução colorida. I. Antunes, Thyago, (Trad.). Estado e política. II. Título. CDU 327 320

Catalogação na Publicação: Eliane M. S. Jovanovich CRB 9/1250

Todos os direitos reservados.
Nenhuma parte deste livro pode ser utilizada
ou reproduzida sem a autorização da editora.

1ª edição: outubro de 2018

EDITORA EXPRESSÃO POPULAR LTDA
Rua Abolição, 201 – Bela Vista
CEP 01319-010 – São Paulo – SP
Tel: (11) 3112-0941 / 3105-9500
livraria@expressaopopular.com.br
www.facebook.com/ed.expressaopopular
www.expressaopopular.com.br

Sumário

APRESENTAÇÃO...7

INTRODUÇÃO...11
   Relevância do tema... 11
   Teoria 12
   Posição oficial da Rússia sobre o tema 13
   As desvantagens da posição russa...................... 14
   Objeto, tema, âmbito e objetivo do livro 15
   Metodologia... 15

1 – CONTEXTOS TEÓRICOS...19
   Contexto geopolítico.. 19
   Teorias militares 25
   Dominação de espectro total.............................. 38
   Conclusão do capítulo 42

2 – APLICAÇÃO DAS REVOLUÇÕES COLORIDAS 45
   Introdução à teoria e estratégia......................... 45
   Os enxames e a mente de colmeia 58
   As táticas e a prática das revoluções coloridas.... 63
   Célebres profissionais das revoluções coloridas .. 66
   Conclusão do capítulo 69

3 – APLICAÇÃO DA GUERRA NÃO CONVENCIONAL 71
   O que é a guerra não convencional?................... 71
   Histórico e vantagens 72
   A ascensão dos atores desvinculados do
   Estado e das forças especiais.............................. 73
   A estratégia da guerra não convencional 75
   O manual de campo da guerra não convencional.. 81
   A guerra não convencional na Ucrânia 87
   Conclusão do capítulo 89

4 – A PONTE 91
   Introdução... 91
   Relação geopolítica.. 91
   Os manuais de campo.. 92
   Estratégias compartilhadas 94

Comparação paralela... 95
Archibald cruza o Rubicão... 95

CONCLUSÃO... 97
Previsão limitada... 97
Recomendações gerais 98
Conclusões.. 99

NOTAS 101

ANEXOS

I – UMA EXPOSIÇÃO DA MECÂNICA CENTRAL
DAS REVOLUÇÕES COLORIDAS...................................... 113
Objetivo 113
I – Modelo.. 113
II – Descrição das variáveis.................................... 114
III – Triângulo Profano 123
IV – Explicação das interações entre os fatores
do movimento (m) 124
V – 'O acontecimento' 125
VI – Infraestrutura física 126
Conclusões.. 133

II – O ARCO COLORIDO 135
Categorização das crises de revolução colorida 136
Neutralizar a contraofensiva multipolar..................... 137
Redirecionar a hostilidade de grandes
potências contra a Rússia 142
Arrastar a Rússia para a guerra................................ 151
Conclusões.. 160

REFERÊNCIAS 161

AGRADECIMENTOS.. 173

Apresentação

A partir do final de 2010, uma onda de protestos emergiu no mundo árabe, partindo da Tunísia e espalhando-se para a Argélia, Jordânia, Egito e Iêmen, o que ficou conhecido como Primaveras Árabes; depois delas, outros protestos com características semelhantes ocorreram também na Europa central e no leste, chegando finalmente à América Latina, inclusive no Brasil.

Não faltaram Organizações Não Governamentais, *think tanks* e veículos de comunicação para saudar as ondas de protestos. Assim como intelectuais supostamente de esquerda, muitas vezes financiados pelos mesmos *think tanks* e escrevendo colunas nos mesmos meios de comunicação. Todos saudavam a inexistência de um partido ou qualquer outro instrumento político; a defesa de bandeiras genéricas e pretensamente universais como "democracia", "liberdade" e – por que não? – "felicidade"; tudo organizado graças aos novos suportes e plataformas tecnológicas da internet; tudo espontâneo. Curiosamente, o governo dos Estados Unidos também concordava com a beleza e a surpreendente espontaneidade da multidão, que simplesmente, depois de tantos ontens, resolveu que especificamente hoje estava cansada de seus governantes.

Jornalista, analista político e integrante do conselho do Institute of Strategic Studies and Predictions, Andrew Korybko elabora um novo conceito, a *Guerra Híbrida*, para entender, detalhadamente, a tática político-militar dos Estados Unidos para substituir governos não alinhados à sua política no século XXI. Ao contrário da tradição estadunidense, iniciada no século XIX, de invadir militarmente outros países ou de apoiar golpes e ditaduras militares em toda América Latina como no final do último século, o novo milênio e a nova configuração geopolítica exige um novo modelo de guerra indireta, no qual "as tradicionais ocupações militares podem dar lugar a golpes e operações indiretas para troca de regime, que são muito mais econômicos e menos sensíveis do ponto de vista político" (adiante, p. 12).

A *guerra híbrida* é a combinação entre *revoluções coloridas* e *guerras não convencionais*. Neste novo modelo de guerra, as revoluções coloridas – largamente planejadas anteriormente e utilizando ferramentas de propaganda e estudos psicológicos combinados com o uso de redes sociais – consistem em desestabilizar governos por meio de manifestações de massas em nome de reivindicações abstratas como democracia, liberdade etc.; elas são a fagulha que incendeia uma situação de conflito interno. A revolução colorida é o golpe brando. Se ela não for suficiente para derrubar e substituir o governo, avança-se para o estágio da guerra não convencional, aquelas combatidas por forças não regulares, sejam guerrilhas, milícias ou insurgências. Este é o momento do golpe rígido.

Ao mesmo tempo, quanto mais estas operações ocorrerem na proximidade dos países-alvo, menores as necessidades e chances de se recorrer à guerra direta.

Publicado originalmente em 2015, pela primeira vez traduzido para o português, neste livro, Korybko constrói detalhadamente este novo conceito militar, demonstrando suas origens teóricas e sua operacionalização na prática. Para isso, recorre à elaboração clássica da geopolítica sobre a região da Eurásia (Rússia, Irã e China), mas também oferece ao leitor um Estado da Arte do pensamento militar estadunidense pós-guerra fria e para este novo século.

O seu estudo concentra-se nos casos da Síria e especialmente da Ucrânia. Para o autor, as manifestações nacionalistas ucranianas e favoráveis à associação a União Europeia, iniciadas em novembro de 2013, a chamada Euromaidan, constituem a perfeita aplicação da guerra híbrida. O governo pró-russo foi derrubado por manifestações que se estenderam até fevereiro do ano seguinte, iniciadas com manifestações "espontâneas" de multidões em locais públicos e que diante dos impasses políticos acirrou-se para um conflito civil, no qual organizações de extrema-direita paramilitares causaram centenas de mortes, desrespeitando acordos políticos, tréguas e negociações. A situação levou à fuga e depois ao *impeachment* do presidente ucraniano e sua substituição por um governo pró-europeu, hostil à Rússia e conveniente aos interesses dos Estados Unidos na região. Além disso, a situação na Ucrânia é parte da tática de guerra indireta de causar instabilidade nos países vizinhos e fronteiriços como ameaça constante ao verdadeiro alvo, neste caso, a Rússia.

Ainda que trate dos episódios na Europa e no Oriente Médio, o leitor não terá dificuldade em identificar um modo de operação idêntico com episódios recentes na Venezuela e mesmo no Brasil.

Para Korybko, os Estados Unidos são o único país a travar a guerra híbrida hoje e faltam aos países-alvos compreensão do funcionamento e da totalidade da extensão deste método. Assim, conhecê-lo é o primeiro passo para prevenir e evitar as revoluções coloridas e fabricadas, mas principalmente, os golpes.

Miguel Enrique Stédile

Introdução

Relevância do tema

> O Mérito Supremo consiste em
> quebrar a resistência do inimigo sem lutar.
>
> *Sun Tzu[1]*

Há mais de dois mil anos, o estrategista militar da China antiga Sun Tzu já se dava conta de que a guerra indireta é uma das formas mais eficazes de combater um inimigo. Ela permite que um oponente derrote o adversário sem enfrentá-lo diretamente, economizando assim os recursos que seriam despendidos em um confronto direto. Atacar um inimigo indiretamente também pode atrasá-lo e colocá-lo na defensiva, deixando-o assim vulnerável a outras formas de ataque. A guerra indireta também impõe certo custo de oportunidade ao lado defensor, visto que o tempo e os recursos que ele acaba tendo que empreender para lidar com o ataque indireto poderiam, não fosse o caso, ser melhor utilizados em outras áreas. Além das vantagens táticas, há também as estratégicas. Pode ser que existam certas restrições (por exemplo, alianças, paridade militar etc.) que impeçam uma parte de lançar hostilidades diretamente contra a outra. Neste caso, a guerra indireta é a única opção para desestabilizar o adversário.

Nos dias de hoje, as armas de destruição em massa e um mundo multipolar emergente impõem limites ao confronto direto entre grandes potências. Embora os EUA ainda detenham as Forças Armadas convencionais mais poderosas do mundo, a paridade nuclear que compartilham com a Rússia serve de lembrete de que a unipolaridade tem seus limites. Além disso, o sistema internacional vem se transformando de tal modo que os custos políticos e físicos para bancar uma guerra convencional contra certos países (isto é, a China e o Irã) estão se tornando um grande fardo para os tomadores de decisão dos EUA, tornando, assim, essa opção militar menos atrativa. Nessas circunstâncias, a guerra indireta ganha destaque no planejamento estratégico, e sua aplicação pode assumir uma variedade de formas.

No passado, a guerra direta foi marcada por bombardeiros e tanques de guerra, mas se o padrão que os EUA vêm aplicando atualmente na Síria e na Ucrânia for indicativo de algo, no futuro a guerra indireta será marcada por "manifestantes" e insurgentes. As quintas-colunas serão compostas menos por agentes secretos e sabotadores ocultos e mais por protagonistas desvinculados do Estado que comportam-se publicamente como civis. As mídias sociais e tecnologias afins substituirão as munições de precisão guiadas como armas de "ataque cirúrgico" da parte agressora, e as salas de bate-papo *online* e páginas no Facebook se tornarão o novo "covil dos militantes". Em vez de confrontar diretamente os alvos em seu próprio território, conflitos por procuração serão promovidos na vizinhança dos alvos para desestabilizar sua periferia. As tradicionais ocupações militares podem dar lugar a golpes e operações indiretas para troca de regime, que tem um melhor custo-benefício e são menos sensíveis do ponto de vista político.

Teoria

Este livro se detém na nova estratégia de guerra indireta que os EUA exibiram durante as crises na Síria e na Ucrânia. Ambas as situações deixaram muitos se perguntando se estavam observando uma exportação das revoluções coloridas para o Oriente Médio, a chegada da Primavera Árabe à Europa ou, quem sabe, algum tipo de Frankenstein híbrido. Pode-se afirmar que, quando as ações dos EUA em ambos os países são comparadas de maneira objetiva, percebe-se claramente uma nova abordagem padronizada com vistas à troca de regime. Esse modelo inicia-se com a implantação de uma revolução colorida como tentativa de golpe brando, que é logo seguida por um golpe rígido, por intermédio de uma guerra não convencional, se o primeiro fracassar. A guerra não convencional é definida neste livro como qualquer tipo de força não convencional (isto é, grupos armados não oficiais) envolvida em um combate largamente assimétrico contra um adversário tradicional. Se consideradas em conjunto em uma dupla abordagem, as revoluções coloridas e a guerra não convencional representam os dois componentes que darão origem à teoria da guerra híbrida, um novo método de guerra indireta sendo perpetrado pelos EUA.

Posição oficial da Rússia sobre o tema

A Conferência de Moscou sobre Segurança Internacional de maio de 2014 focou em peso no papel das revoluções coloridas para o avanço dos objetivos da política externa dos EUA no mundo. O ministro da Defesa Sergei Shoigu declarou que "as revoluções coloridas estão assumindo progressivamente a cara de guerra e estão se desenvolvendo de acordo com as regras da guerra".[2] Anthony Cordesman, do Centro para Estudos Estratégicos e Internacionais, assistiu à conferência e publicou fotos dos *slides* de *PowerPoint* nela apresentados.[3] Ele também incluiu comentários pertinentes de cada palestrante. Valery Gerasimov, o Chefe do Comando Geral das Forças Armadas da Rússia, teve participação especialmente importante. Ele introduziu o conceito de "abordagem adaptativa" para as operações militares. Com isso, ele quer dizer que meios não militares (identificados como revoluções coloridas) são reforçados pelo uso encoberto de forças e de interferência militar aberta (depois que um pretexto é encontrado) contra um Estado opositor.

As desvantagens da posição russa

A abordagem adaptativa, introduzida pela primeira vez por Gerasimov, precisa ser examinada mais a fundo, o que é um dos objetivos deste livro. Por ser um conceito tão novo, ele ainda não foi desenvolvido por inteiro e deve ser refinado. Por exemplo, a ausência de intervenção humanitária/responsabilidade de proteger (como aconteceu no caso da Líbia) na Síria e na Ucrânia precisa ser explicada. Especula-se, portanto, que, no complexo ambiente internacional de hoje, quanto mais as operações de desestabilização perpetradas pelos EUA se aproximam dos núcleos-alvo (Rússia, Irã e China), menor o risco de guerra direta e maiores as chances de que meios indiretos (revoluções coloridas e guerra não convencional) sejam aplicados. Como seria de esperar, esse axioma pode ser teoricamente revertido na medida em que os respectivos núcleos são enfraquecidos, dispersados ou perdem sua iniciativa estratégica e a unipolaridade volta a ganhar fôlego.

Como a Líbia está na extrema periferia da Rússia e do Irã, em última análise, aplicam-se métodos diretos para a troca de regime; porém, visto que a Ucrânia e a Síria estão mais próximas dos núcleos-alvo, tentativas de troca de regime indiretas, por intermédio de revoluções coloridas e guerra não convencional, vêm sendo o plano A em um mundo cada vez mais multipolar. Visto que uma repetição da guerra na Líbia tão perto das fronteiras dos núcleos-alvo é extremamente difícil para os EUA em virtude do cenário internacional (o que é ainda mais verdade para a Ucrânia do que para a Síria uma vez que a Rússia é um núcleo muito mais poderoso do que o Irã, que sofreu relativo enfraquecimento no ano passado), propõe-se que os modelos sírio e ucraniano se tornarão a norma no futuro. Embora o cenário libanês seja o objetivo final dos estrategistas militares dos EUA, ele será visto mais como exceção do que como regra à medida que os EUA penetram mais fundo na Eurásia.

Além disso, a abordagem adaptativa, tal como expressa na Conferência de Moscou sobre Segurança Internacional de 2014, não foi colocada em um contexto geopolítico, tampouco ofereceu uma explicação aprofundada sobre as revoluções coloridas ou a guerra não convencional. Também não é mencionado como esses dois conceitos interconectam-se visto que a ideia de Abordagem Adaptativa é muito nova e só foi cunhada pela primeira vez em maio de 2014. Logo, há espaço para novas pesquisas sobre esses temas que sejam capazes de interconectá-los em uma teoria unificada. Uma vez que a recém-revelada e subestudada abordagem adaptativa é definida como uma ameaça emergente à segurança mundial, o presente livro assume um caráter mais premente e oportuno do que nunca.

Objeto, tema, âmbito e objetivo do livro

O objeto da pesquisa é a grande estratégia dos EUA, ao passo que a nova abordagem padronizada para troca de regime é o seu tema. O livro limita-se estritamente a analisar os aspectos da revolução colorida e guerra não convencional da abordagem adaptativa, considerando-os uma nova teoria para a guerra e da guerra em si. A fusão destes dois pode ser independente da terceira etapa de interferência militar, e argumenta-se que esse híbrido é mais preferível a expandir a operação de desestabilização à intervenção humanitária/ responsabilidade de proteger. Os eventos estruturais na Síria e na Ucrânia servem de estudo de caso para averiguar essa nova teoria, e se presume que o leitor tenha algum nível de conhecimento prévio sobre essas situações. O livro visa expor e analisar o novo modelo em desenvolvimento dos EUA para troca de regime e o método de guerra descrito pela primeira vez na Conferência de Moscou sobre Segurança Internacional de 2014, bem como demonstrar que a combinação de revoluções coloridas e guerra não convencional representa uma nova teoria de desestabilização de Estados, que está pronta para a implantação estratégica em todo o mundo.

Metodologia

O livro utiliza uma metodologia específica a fim de esclarecer suas descobertas, recorrendo a exemplos da Síria e Ucrânia para respaldar as novas teorias reivindicadas. O primeiro capítulo trata dos contextos teóricos que sustentam o novo conceito. Ele primeiramente lança o olhar ao avanço das teorias geopolíticas que colocam em perspectiva as ações de política externa anti-Rússia dos EUA. Em seguida, ele examina as teorias militares que explicam a preferência pela desestabilização oculta e indireta da Rússia. O final do capítulo trata brevemente da dominação de espectro total e como as revoluções coloridas e a guerra não convencional se enquadram nesse paradigma.

O segundo capítulo foca em como as revoluções coloridas são aplicadas. Ele começa examinando a teoria e estratégia por detrás delas, colocando maior foco na guerra em rede e na influência das mídias sociais. Em seguida, ele demonstra que o resultado final desses esforços consiste em criar um "enxame" de atores contra o governo, que, por sua vez, seguirão os ditames táticos, defendidos por Gene Sharp. Por fim, um breve comentário sobre dois indivíduos-chave com experiência na prática desses métodos fecha o capítulo.

O terceiro capítulo segue o mesmo esquema que o segundo, salvo que, em vez das revoluções coloridas, ele trata da guerra não convencional; começa trazendo a definição militar oficial dos EUA para guerra não convencional antes de modificá-la para o contexto do livro. Ele então examina o histórico de operações tradicionais de guerra não convencional dos EUA e o crescimento dos atores desvinculados do Estado no mundo pós-guerra Fria. Depois disso, explica-se como a guerra não convencional segue o mesmo paradigma estratégico das revoluções coloridas. Por fim, o manual "TC 18-01 Unconventional Warfare", que vazou das Forças Armadas dos EUA, será parcialmente analisado para demonstrar sua relevante aplicação a este livro, fechando assim o capítulo.

O capítulo quatro faz a ligação entre os conceitos de revoluções coloridas e guerra não convencional e demonstra como eles são partes mutuamente complementares de um mesmo todo com vistas à troca de regime. Esse importante capítulo combina as descobertas anteriores no intuito de erigir uma nova teoria das "guerras híbridas". É nessa altura que o leitor pode perceber com clareza a singularidade do conceito e como cada uma de suas duas partes constituintes flui perfeitamente de uma à outra para compor a teoria integrada.

O capítulo final é a conclusão e traz previsões limitadas e recomendações gerais sobre a guerra híbrida. A última seção traz uma breve síntese do livro e finaliza com algumas considerações finais. Até lá, o objetivo é que o leitor já tenha desenvolvido algum entendimento sobre a guerra híbrida que possa usar como base para novas pesquisas sobre esse tema revolucionário.

1 – Contextos Teóricos

Contexto geopolítico

A política externa estadunidense contemporânea em relação à Rússia decorre do acúmulo de teorias geopolíticas. Situados a praticamente meio mundo um do outro e em hemisféricos opostos, era mais do que natural que a geopolítica figurasse proeminentemente na formulação das políticas de cada Estado em relação ao outro. Ambos os países também são fortes potências capazes de projetar influência e força além de suas fronteiras, o que hoje em dia é ainda mais verdade para os EUA do que para a Rússia. Na prática, demonstra-se que os EUA desenvolveram uma abordagem em nível de Eurásia para lidar com a Rússia e com outras potências, e é essa estratégia que está no coração das guerras híbridas. Para chegar a essa tese, contudo, deve ser primeiramente traçado um panorama dos pilares geopolíticos que conduziram a ela. Sem um entendimento dos princípios teóricos que levaram às políticas de hoje, é impossível compreender adequadamente a relevância da nova teoria e seu lugar central no planejamento estratégico estadunidense.

Mahan e Mackinder

Pode-se pensar em Alfred Thayer Mahan como o pai do pensamento geopolítico que conduziu à política estadunidense atual, bem como a influenciou. Ele publicou *The Influence of Sea Power Upon History* (*A influência do poder marítimo na história*) em 1890 e é lembrado por destacar a importância da estratégia naval na projeção da influência mundial.[4] O conceito predominante por detrás de sua obra foi que o controle estratégico de certas áreas do mar pode ser traduzido em controle e influência em outras regiões. Isso ajudou as potências marítimas a formular sua estratégia global.

Em parte como resposta ao tratado de Mahan sobre a influência do poder marítimo, Halford Mackinder escreveu *The Geographical Pivot of History* (*O pivô geográfico da história*) em 1904.[5] Seu artigo, por sua vez, deteve-se na influência do poder em terra, enfatizando que o controle do *heartland* (coração da terra, que identificou como parte da Rússia e Ásia Central)* é uma precondição necessária para o controle da "ilha-mundo" da Eurásia. Embora não seja parte preponderante de sua teoria, ele distinguiu o *inner crescent* como a parte da ilha-mundo contígua ao litoral. Mackinder identificou decididamente o Leste Europeu como a porta para o *heartland*, escrevendo mais tarde em 1919 que "aquele que controla o Leste Europeu comanda o *heartland*; aquele que controla o *heartland* comanda a ilha-mundo; aquele que controla a ilha-mundo comanda o Mundo".[6]

O que importa aqui é que ambos os geoestrategistas propuseram visões divergentes acerca de como o poder é exercido no mundo. No contexto deste livro, contudo, a importância primordial de Mahan é que ele influenciou Mackinder, que, por sua vez, utilizou alguns conceitos de poder marítimo para propor as teorias da ilha-mundo da Eurásia e do *heartland*. Combinadas a essa análise do papel do Leste Europeu, as contribuições teóricas de Mackinder elevaram a importância da Rússia no planejamento geopolítico mundial e a colocaram na mira daqueles que buscam o domínio global.

---

* Na concepção de Mackinder, a Eurásia configuraria o coração da terra, anteriormente definida pelo autor como área pivô; na sua vizinhança, sob influência direta está a região chamada de *inner crescent* (crescente interno ou margem interna), onde se encontram a Europa, Índia, China e Oriente Médio. A área sob menor influência direta, que envolve as Américas e a Austrália, seria a *outer crescent* (crescente externo ou margem externa). (N.E.)

Prometeísmo

A próxima fase do pensamento geopolítico, em se tratando de Rússia, refere-se ao líder polonês do entreguerras Józef Piłsudski e seu prometeísmo estratégico.* Piłsudski acreditava que se os cidadãos de outras etnias diferentes da russa na União Soviética pudessem ser influenciados externamente para se rebelar contra o centro, o Estado inteiro se fragmentaria em uma miríade de entidades étnicas das quais a Polônia poderia tirar proveito por meio de um sistema de alianças.[7] Embora tenha fracassado em cumprir esse objetivo, Piłsudski exerceu forte influência na geopolítica em se tratando de Rússia. Ele foi o precursor da ideia de que a desestabilização estratégica da periferia pode se espalhar para o interior, e esse mantra pode ser visto como a gênese espiritual da ideia altamente influente dos bálcãs eurasiáticos de seu compatriota Zbigniew Brzezinski.

O rimland** e o shatterbelt***

Nicholas Spykman revisitou a ideia de *inner crescent* de Mackinder em 1944 e expandiu-a rebatizando-a de *rimland*. Ele viu essa região como mais importante do que o *heartland* em virtude de seu potencial industrial e de mão de obra, bem como de seu recente legado de poderes revisionistas agressivos (França napoleônica e Alemanha nas duas guerras mundiais).[8] Isso incentivou sua revisão da tese de Mackinder sobre o Leste Europeu e o *heartland*

---

* O prometeísmo foi um projeto político de emancipação da Polônia da tutela do Império Russo – e posteriormente da União Soviética – elaborado pelo Marechal polonês Józef Piłsudski baseado na ideia de que a formação de estados não russos nos Balcãs tanto enfraqueceria a Rússia, quanto formaria uma linha defensiva comum. O nome é uma referência ao mito grego de Prometeus que roubara o fogo de Zeus e entregara aos homens. (N.E.)

** Terra da margem, terra da periferia. A ideia do conceito é de poder periférico ou poder da periferia. (N.E.)

*** "Cinturões fragmentados" numa tradução literal – a definição do conceito é exatamente essa que vem depois no texto: regiões em conflitos disputadas ou de grande valor para grandes potências. (N.E.)

para: "Aquele que controla o *rimland* governa a Eurásia; aquele que governa a Eurásia controla os destinos do mundo".

Mapa geopolítico de Spykman

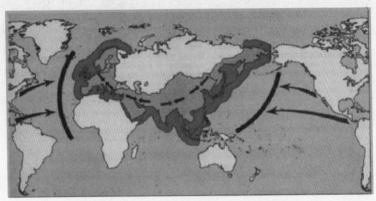

Aquele que controla o Rimland, governa a Eurásia;
aquele que governa a Eurásia, controla os destinos do mundo
Fonte: http://metapoinfos.hautetfort.com/tag/rimland

Saul Cohen levou essa teoria ainda mais adiante fazendo uma comparação inter-regional dos Estados do *rimland* para elaborar o que chamou de *shatterbelts*.[9] Ele os definiu como "uma grande região estrategicamente localizada, ocupada pelos mais diversos Estados em conflito e que se vê entre os conflitos de interesse das grandes potências", que ele viu como sendo a África Subsaariana, o Oriente Médio e o Sudeste Asiático. Devido à sua diversidade, ele previu que eles seriam mais propensos ao conflito do que quaisquer outros lugares no mundo.

Os bálcãs eurasiáticos

Zbigniew Brzezinski, ex-Conselheiro de Segurança Nacional de Jimmy Carter e pai do *Mujahedin*,[10] publicou *The Grand Chessboard: American Primacy and its Geostrategic Imperatives* (*O grande tabuleiro de xadrez: a primazia estadunidense e seus fundamentos geoestratégicos*) em 1997.[11] Nessa obra famosa, ele traçou como os EUA poderiam preservar seu domínio unipolar na Eurásia especificamente usando algo que cunhou de "bálcãs eurasiáticos". Ele os define como:

> Os bálcãs eurasiáticos constituem o núcleo interno desse quadrilátero (porções do Sudeste Europeu, Ásia Central e partes do Sul da Ásia, área do Golfo Pérsico e Oriente Médio) [...] além de suas entidades políticas serem instáveis, elas tentam e convidam à invasão de vizinhos mais poderosos, cada um dos quais está determinado a resistir ao domínio da região por outro. É essa combinação familiar de vácuo de poder e sucção de poder que justifica a denominação 'bálcãs eurasiáticos'.

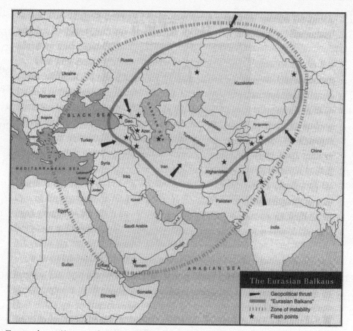

Fonte: http://orientalreview.org/wp-content/uploads/2014/06/EB_map.jpg

Basicamente, Brzezinski expandiu a ideia de *rimland/shatterbelt* para que incluísse as recém-independentes ex-repúblicas soviéticas da Ásia Central e do Cáucaso. Isso coloca o "caldeirão étnico", como o chama, logo à porta da Rússia. Ele então se inspirou em Piłsudski para introduzir a desestabilização periférica estratégica dos bálcãs eurasiáticos como um possível método para enfraquecer o núcleo russo e preservar a hegemonia estadunidense. Isso também é visto como prevenção contra um conluio de potências continentais que poderia ameaçar o controle estadunidense da Eurásia.

Resumo do contexto geopolítico

O conceito de bálcãs eurasiáticos de Brzezinski é o ápice do pensamento geopolítico estadunidense. Se Mackinder traçou a ilha-mundo e localizou a Rússia em seu coração como o *heartland*, Spykman e Cohen definiram suas vulnerabilidades e Piłsudski de maneira inovadora conspirou para fragmentá-la, Brzezinski no fim das contas combinou todos esses ensinamentos para identificar os fundamentos geoestratégicos com vistas à primazia estadunidense. No intuito de enfraquecer permanentemente a Rússia e, por estadunidense conseguinte, controlar o *heartland*, ela deve ser atacada indiretamente pelo método de desestabilização de Piłsudski em áreas selecionadas do *shatterbelt*.

A ideia não consiste necessariamente em fomentar o separatismo dentro da própria Rússia como Piłsudski planejava (apesar de que isso também serviria aos interesses dos EUA), mas, em vez disso, consiste em abraçar a ideia geral de caos periférico e maximizá-la para fins estratégicos. Acredita-se que, se a periferia eurasiática da Rússia permanecer em estado constante de desestabilização ou fluxo caótico (ou, no mínimo, for solidamente ocupada por governos antirrussos, que por si só seriam extremamente desestabilizadores), a Rússia será levada ao desequilíbrio e ficará incapacitada de impedir os planos hegemônicos dos EUA. Quanto mais próximo esse caos desestabilizador chegar no núcleo russo, melhor.

O desafio dos EUA hoje é que, na medida em que o mundo vai se tornando cada vez mais multipolar e a Rússia recupera sua capacidade de afirmar seus interesses junto a seus vizinhos (e a

China e o Irã adquirem os seus), os EUA agora se veem obrigados a praticar indiretamente seus métodos de desestabilização. A campanha *shock and awe*** de 2003 ou a Guerra da OTAN de 2011 na Líbia são praticamente impossíveis de se repetir no Cazaquistão e na Ucrânia, por exemplo, em vista às novas circunstâncias internacionais e aos enormes custos colaterais (físicos, financeiros e políticos) que acarretariam. O que pode ser feito, contudo, são campanhas de sabotagem geopolítica indireta sob as aparências de movimentos "pró-democracia" ou confrontos civis apoiados por fora. Na verdade, um *combo* dos dois poderia levar a *nocaute* os pesos pesados da Eurásia, em especial a Rússia.

A novidade dessa abordagem é que, para ser bem-sucedida, basta semear o caos e criar forças centrípetas que por si só ameacem dilacerar uma sociedade-alvo. Ela não precisa derrubar um governo em si para dar certo –, precisa tão somente fazer com que a sociedade se divida, e a incerteza em larga escala, arauto do caos social, faz o resto. Essa combinação de vácuo e sucção, como Brzezinski escreveu, cria um impasse geopolítico, que, por sua vez, representa um enorme desafio para o Estado indiretamente visado (no caso, a Rússia) tomar iniciativas dentro das fronteiras do país diretamente desestabilizado. De um jeito ou de outro, o Estado-alvo é obrigado a lidar com esse problema, queira ou não, e isso o coloca na defensiva estratégica. Isso é ainda mais verdade se o Estado-alvo fizer fronteira direta com o alvo indireto, como a Ucrânia faz com a Rússia, por exemplo.

Teorias militares

Vale agora prosseguir com uma explicação sobre certas teorias militares que elevam a atratividade da guerra indireta. É imprescindível entender como e por que os tomadores de decisão dos

---

* Na tradução literal, choque e pavor. Também conhecida como domínio rápido. É a doutrina militar estadunidense aplicada no Iraque que propõe o uso espetacular da força como forma de impressionar e paralisar o adversário, de maneira que desista de lutar. (N.E.)

EUA aplicam esses conceitos para compreender melhor a teoria da guerra híbrida. Teorias, estratégias e táticas selecionadas serão discutidas nesta seção, e, para fins de brevidade, somente os aspectos relevantes de cada uma serão abordados.

As guerras de quarta geração

Em 1989, William Lind foi um dos autores de um artigo na *Marine Corps Gazette* que previu como seria a próxima geração de guerras.[12] Identificadas como guerras de quarta geração, ele previu que elas seriam mais fluidas, descentralizadas e assimétricas do que as guerras do passado. Quando examina-se a explosão na atividade de atores desvinculados do Estado desde o fim da Guerra Fria,[13] o prognóstico de Lind parece correto. Esse tipo de guerra também corresponde ao estilo de guerra não convencional, o que significa que a ascensão desta pode ser vista como uma consequência direta das guerras de quarta geração. Lind também previu que haveria maior ênfase na guerra da informação e em operações psicológicas, o que está de pleno acordo com o *modus operandi* das revoluções coloridas. Ele escreve:

> As operações psicológicas podem se tornar a arma operacional e estratégica dominante assumindo a forma de intervenção midiática/informativa [...] O principal alvo a atacar será o apoio da população do inimigo ao próprio governo e à guerra. As notícias televisionadas se tornarão uma arma operacional mais poderosa do que as divisões armadas.

Sendo assim, no contexto deste livro, as previsões de Lind foram muito visionárias. Elas previram a popularidade vindoura da guerra não convencional e a implementação em massa de campanhas de informação contra um governo. Ele também escreveu que a "distinção entre 'civil' e 'militar' poderia desaparecer", o que também veio ao caso. Em específico, veremos mais adiante como civis são cooptados a exercer as funções militares *de facto* durante as revoluções coloridas e como as Forças Armadas usam o apoio dos civis durante a guerra não convencional. Sendo assim, as guerras híbridas são o epítome das guerras de quarta geração.

Os cinco anéis

O coronel das Forças Aéreas John Warden é o criador do conceito estratégico dos cinco anéis. Segundo ele, existem cinco centros de gravidade principais que mantêm uma força adversária unida.[14] Começando pelo núcleo (o mais importante) e expandindo para fora, são eles: liderança, bases do sistema, infraestrutura, população, e mecanismos de combate. A imagem abaixo representa isso em gráfico:

Fonte: http://en.wikipedia.org/wiki/Warden%27s_Five_Rings#mediaviewer/File:Warden%27s_Five_Rings.svg

Warden diz que o inimigo é como um sistema, o que significa, portanto, que, até certo ponto, todas essas partes estão interconectadas. Quanto mais próximo do núcleo um ataque, mais poderoso e reverberante ele será. Um golpe contra as bases do sistema, por exemplo, afetará todos os círculos a sua volta, ao passo que atingir as forças militares em campo manterá o ataque isolado somente a esse anel.

Esse conceito é importantíssimo tanto para as guerras não convencionais como para as revoluções coloridas, os dois pilares das guerras híbridas. Em se tratando de guerras não convencionais, as forças combatentes visam a atacar cada um desses círculos, mas parece haver um foco preponderante nos três círculos do meio (população, infraestrutura e bases do sistema) por questões de conveniência e eficiência. Evidentemente, o ataque contra as Forças Armadas em campo ou contra a liderança por vezes ocorre, mas, no caso daquelas, a sorte pode se voltar contra os atores da guerra não convencional e, no caso desta, pode ser difícil encontrar uma brecha para atacar um alvo tão chamativo.

Os cinco anéis revelam-se diferentes no caso das revoluções coloridas, havendo dois conjuntos diferentes de anéis para cada alvo: a sociedade e o indivíduo. A sociedade é visada pela revolução colorida *en masse* uma vez tomada a decisão de dar início à desestabilização. Do anel mais externo para o mais interno, os conteúdos são dados no lado direito:

Sociedade

População
Mídia (internacional)
Elite nacional
Forças Armadas/Polícia
Liderança

O objetivo de uma revolução colorida, uma vez iniciada, é tomar o poder e derrubar a liderança do Estado. Ela é muito eficiente para essa finalidade uma vez que une a população em um enxame (conceito que será descrito no capítulo três) e faz com que ela subjugue as instituições públicas que representam o governo. O anel mais externo, portanto, une-se (ou, mais importante, dá a impressão de unir-se) para atingir diretamente o anel interno, driblando os demais. Se as Forças Armadas/polícia vierem ao socorro do anel-núcleo liderança e forem bem-sucedidas em repelir a ofensiva, está armado o cenário para uma guerra não convencional, ainda que em baixas proporções como nos eventos na Ucrânia (e sem desfecho como na Síria).

A elite é o terceiro anel mais profundo porque tem o poder de influenciar a mídia e a população, mas em geral é incapaz de induzir as Forças Armadas ou a polícia. As mídias internacional e nacional têm graus variantes de importância dependendo do Estado-alvo, mas ambas têm algum efeito sobre a população. A mídia contra o governo (internacional) pode deixar as autoridades desconfortáveis e hesitantes em se defender da tentativa de golpe da revolução colorida, mas esse não é um fator decisivo para a queda ou não do governo.

O segundo alvo da revolução colorida é o indivíduo, e o "movimento" procura pescar o máximo possível deles antes do início da desestabilização. Os anéis são diferentes para cada cultura e demografia etária, uma vez que existem muitas variações para cada Estado-alvo. Uma das incontáveis possibilidades é dada abaixo:

Indivíduo adulto (Ocidente)

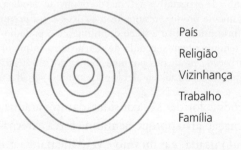

País
Religião
Vizinhança
Trabalho
Família

Nesse exemplo, a família é o núcleo da vida do indivíduo, logo, se a campanha de informação da operação psicológica for capaz de se aproveitar dessa vulnerabilidade e convencer a pessoa a aderir ao movimento invocando a família, as vantagens crescem. À semelhança, se o movimento apelar aos sentimentos patriotas mas o indivíduo ou a maioria da população não dão muita importância a esse conceito, o movimento não terá êxito. Isso significa que cada revolução colorida deve primeiramente reunir dados acerca de sua demografia alvo e, então, de acordo com ela, vender seu peixe para o círculo-núcleo mais vulnerável.

A abordagem indireta e o ciclo OODA

Uma das características que define as guerras de quarta geração é que elas são em grande medida indiretas. Seja através de uma guerra assimétrica ou de operações psicológicas, os alvos tipicamente não são atacados por vias diretas. Todo o conceito de abordagem indireta foi institucionalizado muito antes do advento das guerras de quarta geração em 1954 por B. H. Liddell Hart. Em *The Strategy of Indirect Approach* (*A estratégia da abordagem indireta*), ele discorre sobre a necessidade de aproximar-se do alvo por métodos inesperados e indiretos.[15] Sua obra inclui o trecho a seguir, que resume esse conceito:

> Na estratégia, o caminho mais longo tende a ser o caminho mais rápido para casa. Fica cada vez mais e mais claro que uma abordagem direta ao objeto mental, ou objetivo físico, de alguém, ao longo da 'linha de expectativa natural' do oponente, tende a produzir, e geralmente produz, resultados negativos [...] a perturbação do equilíbrio psicológico e físico do inimigo é o prelúdio vital para uma tentativa bem-sucedida de derrubar [o inimigo] [...] Essa perturbação é produzida por uma abordagem estratégica indireta, seja intencional ou acidental. Ela pode assumir variadas formas [...]

As revoluções coloridas são consideradas um ataque indireto ao governo da nação alvo porque nenhuma força externa convencional está sendo usada, e o mesmo é verdade para a guerra não convencional. Em vez de enviar um exército anti-*Establishment* diretamente para uma batalha contra o Estado ou contra suas Forças Armadas, as revoluções coloridas e a guerra não convencional travam a guerra indiretamente atacando seletivamente várias partes dos cinco anéis. Isso faz delas amorfas e difíceis de prever.

A imprevisibilidade é o calcanhar de Aquiles do ciclo OODA de John Boyd. Embora inicialmente concebido para ajudar pilotos combatentes, o escritor e estrategista Robert Greene acredita que o ciclo também se aplica a todos os campos da vida.[16] A ideia é que um indivíduo toma uma decisão depois de Observar a situação, Orientar-se, Decidir e, então, Agir. A imprevisibilidade inerente à abordagem indireta dribla o ciclo OODA do alvo desorientando-o, debilitando assim sua capacidade de tomar as decisões certas e de agir da maneira mais apropriada. As revoluções coloridas desorientam a polícia e as Forças Armadas porque suas manifestações são propositalmente estruturadas para parecer imprevisíveis, e as guerras não convencionais, por sua própria natureza, são dotadas dessa qualidade. Por outro lado, quando as revoluções coloridas desejam seduzir novos adeptos, elas passam sua mensagem da maneira mais simples possível para tirar o máximo proveito do ciclo OODA deles.

Teoria do caos

Uma das correntes de pensamento que mais se aplica às guerras híbridas é a teoria do caos. Steven Mann publicou *Chaos theory and strategic thought* [*Teoria do caos e pensamento estratégico*] em 1992 na tentativa de fundir esses dois conceitos aparentemente díspares.[17] Urge advertir, contudo, que o entendimento de Mann acerca de caos pode diferir daquilo que o leitor entende por caos. Mann vê o caos como sinônimo de "dinâmica não linear" e aplicável a "sistemas com números muito grandes de partes em constante transformação" (por exemplo, a sociedade ou a guerra). Embora, à primeira vista, pareça desordenado, discorre o autor, é possível observar esporadicamente certo aspecto de ordem padronizada em meio ao caos, em especial em "sistemas debilmente caóticos".

Ele especula que o caos depende de algumas poucas variáveis iniciais e que, "assim que chegamos a uma descrição precisa do nosso ambiente, nos vemos em posição para criar estratégias que promovam nossos interesses". Essas variáveis são as seguintes:
– formato inicial do sistema
– estrutura subjacente do sistema
– coesão entre os atores
– energia de conflito dos atores individuais

Essas variáveis aplicam-se na mesma medida tanto para as revoluções coloridas como para a guerra não convencional. Por exemplo, o "formato inicial" da situação social no país-alvo é tão importante para uma revolução colorida quanto o "formato inicial" da situação física, militar e infraestrutural é para a guerra não convencional. O mesmo é verdade para as outras duas variáveis seguintes.

As coisas ficam mais interessantes quando a última variável entra em jogo, a "energia de conflito dos atores individuais". Mann afirma que "para mudar a energia de conflito das pessoas – diminuí-la ou direcioná-la de maneiras favoráveis a nossos objetivos de segurança nacional – precisamos modificar o *software*. Como os *hackers* nos ensinaram, a forma mais agressiva para modificar um *software* é usando um 'vírus', e o que é a ideologia senão um vírus de *software* para seres humanos?" Embora ele diga isso em referência ao que os EUA chamam de "pluralismo demográfico e respeito aos direitos humanos individuais", o conceito se aplica a muitos outros contextos além desse.

Dito de maneira mais simples, dependendo do código civilizacional/cultural e da melhor forma de penetrar nos cinco anéis sociais dos cidadãos-alvo, as revoluções coloridas podem adaptar sua mensagem para criar seu próprio "vírus" personalizado a fim de conquistar novos adeptos. O vírus "contamina" os indivíduos trabalhando para modificar seu sentimento político, e a ideia é que, uma vez que encontre uma "vítima", esse indivíduo então "espalhará" ativamente suas ideias para outras pessoas, causando uma "epidemia política". Isso será discutido mais a fundo no capítulo 3, bem como a criação de "enxames" por meio da guerra (social) em rede, mas era importante ao menos mencionar essa faceta estratégica agora em função de sua relevância.

A incorporação de princípios caóticos nas guerras híbridas é um aspecto definidor das guerras de quarta geração. Além disso, graças à natureza não linear delas, elas são inerentemente indiretas e (a princípio) imprevisíveis para o alvo, perturbando assim o ciclo OODA discutido mais acima. No nível geopolítico, o caos satisfaz o conceito dos bálcãs eurasiáticos de Brzezinski, demonstrando assim que ele pode surtir efeito nas Relações Internacionais, bem como na Sociologia e nas Ciências Militares. Isso torna o caos versátil e expande profundamente os horizontes de sua aplicabilidade.

Quando o caos é desencadeado deliberadamente nas Relações Internacionais como parte de uma estratégia maior, ele é chamado de caos "construtivo",[18] "criativo"[19] ou "administrado".[20] Essa forma de caos vem sendo usada para descrever os eventos da Primavera Árabe (em essência revoluções coloridas generalizadas, como demonstram os *PowerPoints* da Conferência de Moscou sobre Segurança Internacional[21]) e a desestabilização orientada externamente e por atores desvinculados do Estado na Síria e no Iraque. Em seu âmago, *a guerra híbrida é o caos administrado*. Ela começa com um vírus que subverte o sistema social do Estado-alvo, e, se seus enxames e vanguardas pseudo-guerra não convencional (por exemplo, indivíduos do Pravy-Sektor*)[22] não conseguirem tomar o poder pela força ou intimidar o governo a abdicar por conta própria, então uma guerra não convencional de verdade tem início. A etapa final, o início da guerra não convencional, é a nova contribuição complementar às revoluções coloridas que compõe a

---

* Pravy Sektor (Setor direito, em ucraniano) é um partido de extrema-direita e ultranacionalista da Ucrânia, nascido da articulação de movimentos afins, incluindo paramilitares, e que consideram a si próprios como continuadores do Exército Insurgente da Ucrânia que apoiou o nazismo contra a URSS na Segunda Guerra Mundial. (N.E.)

teoria da guerra híbrida. Ela foi depreendida das experiências de fracasso das revoluções coloridas na Bielorrússia, no Uzbequistão e em outros lugares onde essas tentativas de golpe foram iniciadas sem nenhum plano de apoio (guerra não convencional). Unidas em um só pacote (como se viu na Síria e, até certo ponto, na Ucrânia), o objetivo derradeiro da combinação revolução colorida mais guerra não convencional (guerra híbrida) é o caos sistêmico.

Liderança velada

Na Introdução, mencionou-se que certas restrições internacionais impõem limites à aplicação da força estadunidense no exterior. Por exemplo, a reascensão da Rússia e sua paridade nuclear com os EUA tornam praticamente impossível para o Pentágono iniciar uma invasão com vistas à troca de regime na Ucrânia ou no Cazaquistão. Os EUA formularam, portanto, a política de "liderança velada" como resposta a esses contratempos. Essa política foi definida como "assistência militar discreta dos EUA com outras entidades fazendo o trabalho sujo".[23] Essa é a nova estratégia de guerra para palcos onde os EUA, por algum motivo, veem-se relutantes em mobilizar suas Forças Armadas diretamente. Ela conta com o uso de aliados/'líderes' regionais na qualidade de procuradores para favorecer os objetivos geoestratégicos e geopolíticos dos EUA através de medidas assimétricas de guerra de quarta geração. Embora a ideia tenha sido originalmente concebida para descrever a posição dos EUA em relação à França e ao Reino Unido na guerra do Líbano, a Polônia e a Turquia também podem ser descritas como aliados liderados de forma velada nas desestabilizações da Ucrânia e da Síria.[24] Ao passo que a França e o Reino Unido desempenharam um papel de combate mais convencional, a Polônia e a Turquia, graças às sensibilidades dos Estados que estão ajudando a desestabilizar, recorreram a uma abordagem mais típica da guerra de quarta geração. Para o debate neste livro com vistas a comprovar a teoria da guerra híbrida, a liderança velada será tida doravante no sentido da abordagem de guerra de quarta geração da Polônia e Turquia.

Estratégias convencionais para a troca (forçada) de regimes (Panamá, Afeganistão, Iraque) foram possíveis em um mundo unipolar, mas com o momento unipolar desvanecendo, os EUA se veem obrigados a reviver o modelo de liderança velada com que flertaram pela primeira vez durante a guerra Soviético-Afegã. O primeiro indício oficial de que os EUA estavam caminhando para essa estratégia foi o comportamento durante a guerra do Líbano de 2011, a primeira vez na história em que a alcunha "liderança velada" foi usada. Esta foi seguida pelo último discurso do então secretário de defesa Robert Gates naquele verão em que implorou aos aliados da OTAN que se empenhassem mais em ajudar os EUA a encarar de frente os desafios globais.[25] Ficou claro então que os EUA já não estavam tão entusiasmados em "agir por conta própria"[26] como outrora, tampouco motivados a impor o ultimato "ou você está conosco ou está contra nós".[27]

O indício de que o poder estadunidense está relativamente em declínio *vis-à-vis* as outras grandes potências foi formalmente sustentado pelo Conselho de Inteligência Nacional de 2012. Em sua publicação *Global Trends 2030*,[28] o conselho discorre acerca de como os EUA estarão "pela primeira vez entre iguais" porque "o 'momento unipolar' acabou, e a '*Pax Americana*' – a era da ascensão estadunidense nas políticas internacionais que começou em 1945 – está rapidamente perdendo fôlego".[29] Evidentemente, em um ambiente competitivo assim, será mais difícil de empregar o unilateralismo agressivo sem correr o risco de consequências colaterais. Isso também deu um impulso adicional para a implantação da estratégia de liderança velada no planejamento militar predominante dos EUA.

Por fim, o presidente Obama institucionalizou o modelo de liderança velada quando discursou em West Point no final de maio de 2014. No discurso, ele declara, com destaque, que "os EUA devem liderar no cenário mundial [...] mas a ação militar dos EUA não pode ser o único – ou sequer o principal – componente de nossa liderança em todas as ocasiões. Só porque temos o melhor martelo não significa que todo problema é um prego".[30] Isso foi interpretado como os EUA abandonando formalmente a doutrina unilateral "por conta própria", salvo circunstâncias excepcionais.[31] A essa altura, percebe-se que os EUA expuseram claramente suas intenções em trocar o posto de polícia do mundo pelo manto de mestre das marionetes da liderança velada. Reforçando esse argumento, a transformação social e política generalizada que os EUA vislumbraram com a Primavera Árabe não poderia ter dado certo por meio de uma ação unilateral. Logo, o ano de 2011 representa o fim oficial do momento unipolar e o início da era da liderança velada, que, em si, consiste na adaptação dos EUA a um mundo multipolar.

A liderança velada tem aplicação tanto na revolução colorida como na guerra não convencional, embora seja usada mais comumente para esta do que para aquela. No que diz respeito às revoluções coloridas, os EUA lideram de forma velada fabricando toda a desestabilização e usando seus próprios procuradores *in situ* para concretizá-las. Além disso, é importante que um governo pró-EUA faça fronteira com o Estado sofrendo a tentativa de golpe para repassar apoio material aos organizadores e participantes. Esse Estado também pode atuar fazendo pressão e intimando o governo alvo a não lançar mão de seu direito de se defender contra a tentativa de golpe, o que, nos "cenários certos", abriria espaço para a fase de interferência militar aberta da abordagem adaptativa (ainda mais no caso de um membro da Otan ou parceiro próximo da Otan). Os EUA também podem usar seu aliado para repassar o material necessário para transformar a revolução colorida em uma guerra não convencional. Nesse último caso, que pode ser observado claramente nos papéis da Turquia e da Jordânia na Síria, os EUA usam seus parceiros liderados de forma velada como campos de treinamento para insurgentes contra o governo[32] e armodutos para o repasse de armas.[33]

Resumo das teorias militares

Resumindo todo o conteúdo desta seção, John Boyd propôs a ideia dos cinco anéis para conceitualizar a melhor maneira de atacar um adversário. Quanto mais central o anel visado, mais eficaz o ataque em virtude de seu centro gravitacional. O conceito de Boyd pode ser transplantado do domínio militar para o social para aplicação em campanhas de informação na revolução colorida. Dependendo da civilização/cultura, há diferentes anéis para "vender" os conceitos políticos tanto para a sociedade como um todo como para uma demografia social específica. Qualquer que seja o anel, contudo, é melhor seguir a abordagem indireta de Liddell Hart, que perturba o ciclo OODA central.

Talvez a inovação mais importante às guerras e a mais relevante para as guerras híbridas seja a teoria do caos. A dinâmica não linear que Steven Mann descreve é o epítome da guerra de quarta geração, o atual estado amorfo do campo de batalha. Por sua natureza, a teoria do caos visa tirar proveito do aparentemente imprevisível, o que faz dela largamente indireta e totalmente capaz de neutralizar o ciclo OODA. O caos construtivo/criativo/administrado ocorre quando há uma tentativa de canalizar essas forças para fins estratégicos. As revoluções coloridas e a guerra não convencional encaixam como uma luva nesse princípio, fazendo delas mais eficazes do que as táticas para troca de regime mais antigos e tradicionais.

Por fim, os EUA são os precursores de uma nova estratégia para fazer guerra no mundo multipolar: a "liderança velada". Esta permite que os EUA terceirizem as operações de desestabilização para aliados regionais com ideias afins se o alvo for considerado muito caro ou politicamente sensível para os EUA perseguirem direta e unilateralmente. A liderança velada basicamente culmina na guerra por procuração, com os EUA gerindo as contribuições de seus aliados à empreitada de longe. Essa nova estratégia só tem alguns anos de idade e ainda está em desenvolvimento, mas o exemplo das participações da Turquia e da Jordânia na crise na

Síria oferece um forte modelo a seguir para prever suas direções futuras. Além disso, a Polônia ajudou a cumprir um papel estrutural semelhante durante o golpe do EuroMaidan,* mas uma vez que a operação para troca de regime foi bem-sucedida em um período de tempo curtíssimo, seu verdadeiro potencial em desestabilizar os vizinhos ainda não foi posto à prova.

Dominação de espectro total

No dia 30 de maio de 2000, o Pentágono lançou um documento intitulado *Joint Vision: 2020* (*Visão Conjunta: 2020*).[34] Ele visa explicitamente à dominação de espectro total, que define como ser "persuasivo na paz; decisivo na guerra; proeminente em qualquer forma de conflito". O serviço de imprensa do departamento de defesa das Forças Armadas dos EUA discorre sobre esse objetivo acrescentando que ele também inclui "a capacidade das forças dos EUA, operando sozinhas ou junto com aliados, derrotarem qualquer adversário e controlarem qualquer situação no espectro das operações militares".[35] F. William Engdahl publicou um livro em 2009 sobre esse tema no qual comprova que a prioridade principal dos EUA é obter domínio total nas esferas das Forças Armadas convencionais, das armas nucleares, da retórica de direitos humanos e outras normas, da geopolítica, do espaço e dos meios de comunicação.[36] Em poucas palavras, isso abrange absolutamente tudo que pode se tornar uma arma ou pode ter algum tipo de importância no campo de batalha ou na consciência de seus atores, e Engdahl documenta meticulosamente o progresso constante que o Pentágono está fazendo em controlar e privar seus adversários dessas vantagens cruciais. Ele também delineia vários

---

* Onda de manifestações na Ucrânia, com caráter tanto nacionalista quanto de reivindicação por maior integração com a Europa – e logo, em oposição a Rússia – ocorridas em 2013. Este episódio será abordado com maiores detalhes nos próximos capítulos. (N.E.)

métodos, incluindo revoluções coloridas, que os EUA usam para tentar controlar a Rússia e a China.

Dominação de espectro total e revoluções coloridas

O livro de Engdahl dedica um capítulo inteiro ao fenômeno das revoluções coloridas e como elas são estruturadas institucionalmente. Ele também oferece um panorama detalhado de sua história, do uso de ONGs como organizações de vanguarda e de sua implantação para garantir os interesses de energia geoestratégicos dos EUA. É, portanto, altamente recomendado que o leitor consulte a obra dele para desenvolver uma compreensão valiosa acerca dessas questões. Não obstante, tal livro explica as bases teóricas das revoluções coloridas e como elas se enquadram em um novo nicho de estratégia da dominação de espectro total junto com a guerra não convencional, a qual não é tratada na obra de Engdahl.

O mantra da dominação de espectro total de ser persuasivo na paz, decisivo na guerra e proeminente em quaisquer formas de conflito constitui a espinha dorsal das revoluções coloridas. Para princípio de conversa, as revoluções coloridas começam como campanhas de informação dirigidas à população afetada. É imprescindível que elas sejam persuasivas para cativar um público o mais abrangente possível (em alguns casos, pode ser mais estratégico cativar apenas certa demografia para que ela 'se levante' e exacerbe fraturas étnicas existentes dentro da sociedade em questão, por exemplo). É aí que a variação do autor aos cinco anéis de Warden torna-se relevante para atingir com eficiência várias sociedades e indivíduos. Alusões e insinuações podem ser usadas para apresentar uma abordagem indireta e eficiente com vistas a penetrar os anéis, embora isso seja discutido mais a fundo no capítulo 2.

O cerne das revoluções coloridas é sintetizado na dominação social. O movimento é capaz de canalizar um volume de indivíduos grande o bastante para confrontar publicamente o Estado e tentar derrubá-lo. A fim de conquistar adeptos, utilizam-se técnicas ideológicas, psicológicas e de informação. Embora seja preferível que os ideais do movimento sejam a corrente de pensamento dominante, este não precisa ser sempre o caso. As revoluções coloridas não precisam atingir a maioria da população no país ou na capital para que sejam bem-sucedidas. Tudo que precisam é invocar um grande número de pessoas capaz de impor um desafio às relações públicas e à segurança para o governo defensor. O número de indivíduos necessário para concretizar uma revolução colorida varia dependendo do país, das características de sua liderança e da força do governo e do seu aparelho de segurança. A dominação social é obtida uma vez que essa massa crítica é usada contra as autoridades e introduz o desafio caótico que o movimento tanto busca. Assim, as revoluções coloridas tentam ganhar controle sobre aspectos intangíveis, tais como sociedade, ideologia, psicologia e informação.

Dominação de espectro total e guerra não convencional

Os objetivos de guerra não convencional da dominação de espectro total são mais parecidos com os objetivos militares convencionais do que as revoluções coloridas. A diferença, contudo, é que a guerra não convencional é mais irregular, indireta e não linear do que a guerra convencional e, portanto, tem certos limites quanto aquilo que é capaz e aquilo que não é capaz de dominar. Logo, é mais apropriado dizer que os objetivos da guerra não convencional relacionados à dominação de espectro total consistem em conquistar o máximo domínio físico possível dentro dos cinco anéis originais do Estado-alvo, sem lançar mão de intervenção direta por parte de um Estado externo ou da transformação em uma guerra convencional. Sendo assim, a guerra não convencional aspira à dominação sobre aspectos tangíveis do campo de batalha, mas não da mesma maneira que a guerra convencional.

No entanto, isso não significa dizer que a guerra não convencional é inferior à guerra convencional no campo da dominação de espectro total. Muito ao contrário, uma vez que ela na verdade tem algumas vantagens estratégicas importantíssimas em relação à sua contraparte. Por exemplo, as forças convencionais do Estado-alvo nunca podem ter total certeza da medida em que ou de por quanto tempo são capazes de controlar e resguardar vários territórios ou infraestruturas contra-ataques, nutrindo assim incerteza sobre quando e onde mobilizar suas unidades. Isso, por sua vez, é usado para afetar o campo das decisões do ciclo OODA, evitando assim uma ação decisiva e impedindo sua eficiência.

A dominação da dinâmica caótica

Com base nas duas seções anteriores, pôde-se perceber que as revoluções coloridas e a guerra não convencional exercem papel específico na estratégia da dominação de espectro total. Na verdade, elas servem a propósitos complementares uma vez que as revoluções coloridas visam à dominação intangível e, a guerra não convencional, à dominação tangível. Ambas as estratégias são subprodutos diretos das guerras de quarta geração e, portanto, têm as sementes do caos plantadas nelas. Já foi explicado antes que o caos construtivo/criativo/administrado é uma das ferramentas que podem ser usadas para propulsionar certos objetivos de política externa ou estratégias mores (por exemplo, os bálcãs eurasiáticos); logo, é sensato afirmar que os EUA também desejariam obter domínio sobre ele da mesma forma que têm sobre o espaço, os meios de comunicação etc.

Isso sustenta a ideia de que a guerra híbrida, a combinação de revoluções coloridas mais guerra não convencional, encaixa como uma luva no paradigma da dominação de espectro total por representar o domínio da dinâmica caótica. Aqueles por trás das revoluções coloridas e da guerra não convencional controlam a iniciativa da ofensiva golpista, colocando assim o Estado-alvo na defensiva. O caos inerente às revoluções coloridas e à guerra não convencional se espalha por todo o "sistema" inimigo (como Warden vê o oponente)[37] tal como um "vírus" faz em um computador, como dita a lógica de Mann, com a eventual esperança de que resultará em sua total deterioração e na necessidade de iniciar um "*reboot* do sistema" (troca de regime) para remover a ameaça. A guerra não convencional acrescenta um elemento de medo contínuo à equação, que trabalha como um multiplicador de força para exacerbar o efeito caótico da operação de desestabilização para troca de regime.

Resumo da dominação de espectro total

Como parte da estratégia oficial do Pentágono, as Forças Armadas dos EUA vêm trabalhando com vistas a dominar toda e qualquer faceta dos recursos de guerra que existem. A guerra híbrida apresenta-se como um pacote híbrido excepcional de dominação intangível e tangível das variáveis do campo de batalha que manifesta-se de maneira largamente indireta. Em suma, ela é o paradoxal "caos estruturado" (na medida em que pode ser assim considerado) que está se tornando uma arma para satisfazer objetivos de política externa específicos. Isso faz dela tanto uma estratégia como uma arma, dobrando sua eficiência no combate por procuração e igualmente desestabilizando seu alvo.

Conclusão do capítulo

Como foi explicado com a progressão lógica do pensamento geopolítico, certas determinantes podem lançar luz às circunstâncias em que as guerras híbridas são implantadas. A teoria geopolítica mais importante que influencia as guerras híbridas é a ideia dos bálcás eurasiáticos de Brzezinski. Uma vez que os dois conceitos fazem uso do caos dirigido, eles são mutuamente complementares. Logo, se os bálcás eurasiáticos são a estratégia, a guerra híbrida é a tática para chegar a eles. As teorias militares servem de confirmação à eficiência dos métodos de combate por vias indiretas da guerra híbrida. Elas também demonstram que a guerra híbrida deriva fortemente da teoria do caos e pode muito bem ser sua primeira aplicação padronizada. O modelo de liderança velada é o novo sistema que os EUA estão usando para travar as guerras híbridas e desestabilizar a volátil periferia eurasiática através de conflitos por procuração. Por fim, a ideia de dominação de espectro total é o objetivo final de todo o planejamento e estratégia militares dos EUA. A guerra híbrida consiste em uma parte assimétrica singular da dominação de espectro total que pode ser melhor resumida como a armatização do caos e a tentativa de administrá-lo. Ela é um novo plano de guerra que transcende todos os outros e os incorpora em seu ser multifacetado.

2 – Aplicação das revoluções coloridas

Introdução à teoria e estratégia

Esta seção trata da lente através da qual as revoluções coloridas precisam ser vistas. Ela define a estrutura teórica e estratégica que sustenta esse fenômeno, mas, à diferença de outras obras sobre o tema, não trata a respeito do papel das ONGs e de seu financiamento internacional. Se o leitor tiver interesse na estrutura organizacional das revoluções coloridas, recomenda-se que leia a nota resumida do autor sobre esse tópico disponível *online*.[38]

O foco deste livro é, em vez disso, expressar como as ideias por trás das revoluções coloridas são difundidas e seus praticantes recrutados. Sustenta-se que há forte ênfase em operações psicológicas para conquistar as demografias-alvo específicas e que a guerra em rede é a forma mais eficiente de disseminar a mensagem. Algumas das aplicações exploradas nesta seção são influenciadas em parte pelo artigo "Coaching War" do analista geopolítico Leonid Savin,[39] no qual ele apresenta sua perspectiva sobre como elas podem ser incorporadas a sistemas sociais. Além disso, o advento das mídias sociais oferece uma oportunidade excepcional para penetrar nas mentes de muitos futuros praticantes desatentos, e ficará demonstrado que o Pentágono está ativamente pesquisando formas de potencializar essa ferramenta.

"Propaganda" e "A fabricação de consenso"

A espinha dorsal básica para iniciar e difundir uma revolução colorida é a disseminação da informação entre a população, seja uma demografia específica dela ou a sociedade como um todo. Devido à necessidade de disseminar determinada mensagem (no caso das revoluções coloridas, uma que incentive as pessoas a derrubar o governo), é imprescindível discutir a famosa obra *Propaganda* publicada em

1928 por Edward Bernays.[40] Como resultado desse livro e da obra de sua vida, o *New York Times* o reconheceu como "Pai das Relações Públicas" e "líder na formação de opinião" em seu obituário.[41] As relações públicas são em grande parte uma fusão dos princípios da publicidade e da projeção à população em massa, ambos os quais figuram proeminentemente na comunicação da mensagem de uma revolução colorida, permitindo concluir que *Propaganda* exerceu importante influência nas revoluções coloridas. Embora seja possível dedicar um livro inteiro à conexão entre Bernays e as revoluções coloridas, por uma questão de espaço, a presente seção só destacará alguns conceitos-chave relevantes e não focará em táticas específicas.

Bernays acreditava que um pequeno número de pessoas em grande parte invisíveis influencia e orienta a forma de pensar das massas, e que essa é a única maneira de manter as aparências de ordem em uma sociedade do contrário caótica. É de se destacar as suas palavras:

> O estudo sistemático da psicologia das massas revelou aos alunos as potencialidades do controle invisível da sociedade por manipulação dos motivos que mobilizam o homem em grupo [...] (o qual) tem características mentais diferentes das do indivíduo e é motivado por impulsos e emoções que não podem ser explicados com base no que conhecemos acerca da psicologia individual. Logo, levantou-se naturalmente o questionamento: se entendêssemos o mecanismo e os motivos da mente grupal, não seria possível controlar e reger as massas de acordo com nossa própria vontade sem que elas percebessem?

Essa é justamente a base das revoluções coloridas. A psicologia de um grupo geral e específico (no contexto da civilização/cultura alvo) é estudada para tirar melhor proveito dos métodos para difundir mensagens contra o governo. Aqui, vale chamar atenção para o modelo dos cinco anéis sociais e pessoais do capítulo 1, uma vez que ele ajuda a visualizar a estratégia de amplo alcance dos gestores de relações públicas nos movimentos de revolução colorida.

Bernays também escreve que, graças às vantagens das tecnologias de comunicação instantânea (que tornaram-se ainda mais acentuadas nos dias de hoje com plataformas de mídia social como

Facebook e Twitter), "pessoas com as mesmas ideias e interesses podem associar-se e organizar-se para uma ação conjunta ainda que vivam há milhares de quilômetros umas das outras". Não só isso, mas ele logo acrescenta que "essa estrutura invisível entrelaçada de grupos e associações é o mecanismo com o qual a democracia organizou sua mente de grupo e simplificou o pensamento em massa". Mais uma vez, é justamente esse o caso nas revoluções coloridas. Elas reúnem física e virtualmente porções distintas da população que compartilham (ou são trabalhadas para compartilhar) as mesmas ideias contra o governo, e isso ajuda a organizar a mente de grupo (ou mente de colmeia, como será discutido mais adiante neste capítulo) e simplificar o pensamento em massa da sociedade durante o início de uma tentativa de golpe por revolução colorida.

O principal método que Bernays defende para contaminar as massas com ideias de fora é a abordagem indireta (isto é, a aplicação social da teoria de Liddell Hart), que ele discute em seu ensaio de 1947 "The Engineering of Consent" ["A fabricação de consenso"].[42] Ele instrui que "fábricas de consenso" interessadas deem início a uma pesquisa minuciosa de seus alvos muito antes do início de sua campanha de informação multifacetada. Isso ajudará a entender a melhor maneira de se aproximar do público. As notícias devem ser fabricadas artificialmente para que a campanha de publicidade seja mais eficiente, e os eventos envolvidos devem ser "imaginativos" (isto é, não lineares). Em se tratando das revoluções coloridas, isso explica a grande variedade nas artimanhas promocionais empregados em cada Estado-alvo.

Ele termina seu artigo com uma observação que é de extrema relevância para todas as revoluções coloridas:

> Palavras, sons e imagens realizam pouco a não ser que sejam as ferramentas de um plano minuciosamente arquitetado e de métodos cuidadosamente organizados. Se os planos são bem formulados e faz-se uso deles corretamente, *as ideias transmitidas pelas palavras tornam-se parte integrante das próprias populações.* Quando o público é convencido da racionalidade de uma ideia, ele entra em ação [...] [que é] *sugerida pela própria ideia, seja ela ideológica, política ou*

social [...] mas esses resultados não acontecem do nada[...] eles podem ser obtidos principalmente pela fabricação de consenso. (grifo do autor)

Pode-se perceber, portanto, que as revoluções coloridas, tal como as campanhas de publicidade ou relações públicas, não são espontâneas mas sim fabricadas muito de antemão à sua implementação. É a disseminação da informação ("propaganda") na sua mais cru essência, e as ideias contra o governo devem ser propagadas de maneira coordenada para fabricar consenso em uma parcela apropriada (decisiva) da população para que participe da revolução colorida. Esses indivíduos não tomarão consciência do verdadeiro papel que desempenham nos eventos em desdobramento, mas serão meramente usados como artifício para dar a impressão de apoio unânime ao golpe. Eles também podem agir no papel de "escudos humanos" para proteger os membros centrais da revolução colorida (por exemplo, os próprios organizadores ou insurgentes Pravy-Sektor) contra métodos vigorosos do Estado para dispersar a tentativa de golpe.

O principal objetivo da campanha de informação é que o alvo internalize as ideias que lhe são apresentadas, dando a impressão de que os próprios manifestantes chegaram, por conta própria, às conclusões induzidas de fora. As ideias contra o governo devem parecer espontâneas e não forçadas, dando--se grande ênfase à abordagem indireta para comunicá-las. Se as pessoas perceberem que estão sendo manipuladas por mãos invisíveis, elas rejeitarão em massa a mensagem. Se, contudo, for possível internalizar essa mensagem em uma pessoa e ela começar a difundi-la para seus amigos íntimos e pessoas próximas, que jamais sequer imaginariam que essa pessoa está sob influência involuntária de uma operação psicológica estrangeira, então o vírus de Mann contaminará a sociedade e começará a espalhar as ideias da revolução colorida por conta própria. As próximas seções dissertarão acerca desse assunto mais a fundo lançando mão dos princípios da guerra em rede.

Guerra neocortical reversa

Antes de passar às teorias reais da guerra em rede, é necessário falar das ideias de Richard Szafranski sobre guerra neocortical,[43] que servem como ponte entre os ensinamentos de Bernays e as próximas teorias. O autor descreve o seguinte:

> A guerra neocortical é uma guerra que esforça-se por *controlar* ou *moldar* o comportamento dos organismos inimigos sem destruí-los. Para tanto, ela *influencia*, até o ponto de regular, a consciência, as percepções e a vontade da liderança do adversário: o sistema neocortical do inimigo. Dito de maneira mais simples, a guerra neocortical tenta penetrar nos ciclos recorrentes e simultâneos de 'observação, orientação, decisão e ação' dos adversários. De maneiras complexas, ela esforça-se por munir os líderes do adversário – seu cérebro coletivo – de percepções, dados sensoriais e dados cognitivos projetados para resultar em uma gama de cálculos e avaliações estreita e controlada (ou predominantemente grande e desorientadora). O produto dessas avaliações e cálculos são escolhas do adversário que correspondem às escolhas e resultados que desejamos. Influenciar os líderes a não lutar é imprescindível." (grifo do autor)

A ideia de Szafranski consiste em usar técnicas de disseminação da informação para moldar indiretamente o "cérebro coletivo" da liderança do inimigo (isto é, o alvo) a fim de influenciá-lo a não lutar (isto é, mudar seu comportamento de conflito). Logo, o inverso dessa guerra neocortical, que é relevante para as revoluções coloridas, é que ele visa o "cérebro coletivo" do grosso da população, não a liderança, e objetiva influenciá-lo indiretamente a se manifestar e tentar derrubar o governo em vez de baixar a cabeça e permanecer na passividade.

O melhor jeito de conseguir isso, disserta o autor, é estudar os valores, a cultura e a visão de mundo dos alvos e, então, abordá-los com programação neurolinguística. Isso porque "a guerra neocortical usa a língua, imagens e informações para atacar a mente [...] e alterar a vontade. Ela é praticada contra nossas fraquezas ou usa nossas virtudes para nos enfraquecer de maneiras inesperadas e imaginativas". Isso demonstra que a guerra neocortical é inerentemente não linear e possui elementos de caos integrados a ela, reforçando assim a postulação de que a guerra híbrida é uma versão armatizada da teoria do caos, sendo a guerra neocortical a versão armatizada dos ensinamentos de Bernays. Além disso, no que diz respeito à reprogramação neurolinguística e ao direcionamento ao indivíduo, uma das maneiras contemporâneas mais eficientes de fazê-lo é usando as mídias sociais e as teorias da guerra em rede e guerra centrada em rede.

Guerra centrada em rede social

Em 1998, o Vice-Almirante Arthur Cebrowski e John Garstka publicaram um artigo conjunto sobre "Network-Centric Warfare: Its Origin and Future" ["Guerra centrada em rede: origem e futuro"].[44] Embora lidem mais com aspectos do *hardware* tecnológico nas comunicações e estratégias de batalha para seu próprio uso, o tema da guerra centrada em rede é muito pertinente para as revoluções coloridas quando adaptado a um contexto social. Por exemplo, Leonid Savin teceu comparações estruturais entre a Primavera Árabe, a aplicação social da guerra centrada em rede, e a teoria do caos.[45]

De volta ao artigo discutido, os autores fazem referência à lei de Metcalfe ao afirmar que "o 'poder' de uma rede é proporcional ao quadrado de nós nela. O 'poder' ou 'benefício' da computação centrada em rede advém de interações ricas em informação entre números enormes de nós computacionais heterogêneos na rede". Eles também afirmam que "no nível estrutural, a guerra centrada em rede requer uma arquitetura operacional com três elementos fundamentais: grades de sensor e grades de transação (ou engajamento) hospedadas por uma espinha dorsal da informação de alta qualidade".

Adaptando isso para as redes sociais humanas, os nós tornam-se os indivíduos que participam da revolução colorida e seu "poder" agregado para praticar a tentativa de golpe cresce na medida em que interagem primeiramente através das redes sociais e, então, pessoalmente após a revolução colorida ter início. Quanto à grade de sensor, esta torna-se o ponto de contato inicial através do qual o indivíduo é munido das informações contra o governo. Ela pode ser virtual, por meio de computadores e celulares, ou físico, por meio da interação direta com uma ONG. A grade de transação ou engajamento é o catalisador para a ação, e, nessa comparação, equivale às redes de mídia social que organizam os participantes da revolução colorida e disseminam o chamado à ação. Por fim, a espinha dorsal da informação de alta qualidade que sustenta todo o aparelho é a campanha de informação externa influenciada pelos ensinamentos de Bernays e aperfeiçoada pela abordagem de guerra neocortical de Szafranski.

Guerra social em rede

John Arquilla e David Ronfeldt da RAND Corporation publicaram um livro em 1996 chamado *The Advent of Netwar* (*O advento da guerra em rede*).[46] Eles propuseram haver um novo tipo de conflito social no horizonte, no qual redes "sem líderes" compostas principalmente por atores desvinculados do Estado se aproveitariam da revolução da informação (isto é, da Internet) para travar uma luta amorfa de baixa intensidade contra o *Establishment*. Eles resumiram essa obra no primeiro capítulo de seu livro de 2001 *Networks and Netwars* (*Redes e guerras em rede*),[47] afirmando que o termo em si:

> refere-se a um modo emergente de conflito (e crime) nos níveis sociais, salvo guerras militares tradicionais, em que os protagonistas usam formas de organização em rede e doutrinas, estratégias e tecnologias relacionadas afinadas com a era da informação. Esses protagonistas provavelmente serão organizações dispersas, pequenos grupos e indivíduos que se comunicarão, coordenarão e conduzirão suas campanhas de uma maneira conectada via Internet, geralmente sem um comando central preciso.

Com clara influência de Bernays nesse conceito, eles descrevem que as guerras em rede focariam no poder brando, em especial em "operações de informação" e "administração das percepções".

Numa clara demonstração de contribuições da teoria do caos e da abordagem indireta de Liddell Hart, eles afirmam que essa forma de guerra encontra-se "na extremidade menos militar, de baixa intensidade e social do espectro" porque é mais "difusa, dispersa, multidimensional, não linear e ambígua".

Eles identificam três tipos de formações em rede:

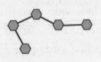

Rede em cadeia   Rede em estrela   Rede multicanal

Uma rede em cadeia possui um comando centralizado, a versão em estrela é compartimentada e pode constituir uma célula dentro de uma rede maior, e a rede multicanal satisfaz o modelo de "descentralização tática", que ocorre quando "os membros não têm que recorrer a uma hierarquia porque 'eles sabem o que têm que fazer'". Isso faz das unidades individuais "uma só mente" e impõe um desafio extremamente difícil de ser contraposto por causa de todo o "turvamento" entre ações ofensivas e defensivas. Os autores dissertam sobre como a guerra em rede "tende a desafiar e transcender as fronteiras, jurisdições e distinções padrão entre Estado e sociedade, público e privado, guerra e paz, guerra e crime, civil e militar, polícia e Forças Armadas, e legal e ilegal". Eles atribuem isso até certo ponto à guerra neocortical de Szafranski, discutida na seção anterior, reconhecendo que ela pode "confundir as crenças fundamentais do povo acerca da natureza de sua cultura, sociedade e governo, em parte para instigar medo mas, por que não, principalmente para desorientar o povo e perturbar suas percepções", o que, portanto, dá a ela "um forte teor social".

A guerra híbrida entende a guerra social em rede da mesma forma que Arquilla e Ronfeldt, mas propõe uma combinação dos três tipos de formação em rede para as revoluções coloridas.

O modelo em cadeia é a primeira parte da rede do movimento de revolução colorida. Ela começa no exterior com a decisão de derrubar um governo não submisso estrategicamente localizado. Essa é a primeira etapa. Depois disso, a decisão passa à hierarquia administrativa até chegar ao nó de planejamento. Nessa fase, uma rede em estrela começa a tomar forma. Por exemplo, os quartéis-generais de várias organizações (CIA, Pentágono) começam a fazer um *brainstorm* de métodos para pôr suas ordens em prática e então ramificam-se para criar ou conectar-se a "nós ativos" que ajudem a cumprir essas ordens. Daí, eles também podem enfim juntar forças com nós autônomos institucionais (*think tanks*) que já produziram pesquisas sobre as perspectivas de troca de regime e/ou publicações sobre os funcionamentos sócio-cultural-civilizacionais do país-alvo.

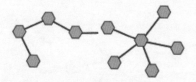

(da decisão ao planejamento)

Durante a fase de planejamento, os organizadores externos examinam, então, as redes multicanal existentes que definem o ambiente social do alvo. Isso permite compreender melhor as interações que regem a sociedade e seus diferentes segmentos. Assim que os organizadores externos se sentem confortáveis o bastante com as informações que apreenderam, eles tentam penetrar na sociedade-alvo através de meios ou físicos (em campo) ou virtuais (via Internet). Para a primeira categoria, esses seriam agentes de inteligência reais em campo cujo objetivo é montar o movimento da revolução colorida, ao passo que, no segundo caso, esses seriam o contato *online* com simpatizantes ou dissidentes favoráveis (que, por sua vez, pode se transformar em contato físico). Esses indivíduos podem ou não ter conhecimento de que estão interagindo com os serviços de inteligência de outro país, mas o que importa é que eles sejam participantes e organizadores convictos da desestabilização futura.

O mais provável é que uma abordagem híbrida com ambos os aspectos físico e virtual seja adotada. Esses indivíduos (agentes de inteligência em campo e/ou simpatizantes/dissidentes entrincheirados) servem como os nós de ponto de contato (PDC) que são incumbidos de criar suas próprias redes em estrela e multicanal através de redes sociais *online* ou ONGs físicas. À medida que mais líderes organizacionais são recrutados, novos nós PDC's comunicando-se (seja de maneira consciente ou não) com a agência de inteligência estrangeira possivelmente surgirão. O objetivo consiste em aumentar exponencialmente o número de nós, de acordo com a lei de Metcalfe, para maximizar a rede social e alimentar a energia e *momentum* sociais do movimento golpista.

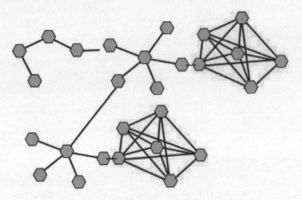

(exemplo do modelo multidimensional)

Como se pode ver, o modelo rapidamente torna-se muito complexo, mas, como disse Mann em *Chaos Theory and Strategic Thought* (Teoria do caos e pensamento estratégico),[48] "os padrões podem ser previstos até mesmo em sistemas debilmente caóticos", e a ilustração acima é um exemplo disso. Usando a abordagem visual, pode-se perceber que a rede assume a aparência de moléculas formando uma célula biológica. Prosseguindo com a metáfora, da mesma forma que a célula dá vida ao organismo, a "célula" de uma rede social totalmente interconectada dá vida à revolução colorida. Quanto mais removidas as redes multicanal se tornam da rede em estrela da agência de inteligência, é menos provável que cada indivíduo atuando como "eixo motriz", por assim dizer, perceba a origem do movimento, tampouco que ele e sua participação estão sendo orquestrados por uma agência de inteligência estrangeira. Se tudo for suficientemente bem organizado e houver um intercâmbio fluido de entrada e saída (comandos e retroalimentação) trafegando através da rede, então os nós ativos dentro do Estado-alvo tornam-se todos "uma só mente". A aplicação tática disso no contexto das revoluções coloridas é algo chamado de "enxame", e ambos os autores escreveram um livro sobre esse tema em 2000.[49] Todavia, o enxame será tratado mais a fundo adiante no capítulo, bem como a interpretação estratégica do objetivo de "uma só mente" (a mente de colmeia) para as guerras híbridas.

Estudo de caso do Facebook

A plataforma de mídia social Facebook oferece talvez o melhor estudo de caso das teorias e estratégias supramencionadas em ação em um ambiente virtual. Brett Van Niekerk e Manoj Maharaj escreveram um artigo em 2012 para o *International Journal of Communications* sobre "Social Media and Information Conflict" ("As mídias sociais e o conflito da informação").[50] Nele, eles afirmam que o Facebook se tornou sinônimo de Web 2.0 gerada pelo usuário. Ele foi usado para organizar protestos em larga escala e realizar operações de influência em todo o mundo. Visto que o Facebook lida com a administração das percepções e engenharia social, ele tem, portanto, utilidade como ferramenta para operações psicológicas. Em aditamento, os autores mencionam como as organizações de inteligência podem encontrar informações valiosas acerca de alvos em potencial através de seus perfis no Facebook e em outras mídias sociais.

Essa mineração de dados não é nova nem surpreendente. O Facebook acompanha, armazena e traça o perfil dos gostos e preferências de seus usuários para melhorar sua "publicidade dirigida" e, há pouco, também começou a acessar o histórico de navegação deles para ajudar nessa missão.[51] Assim como a economia influenciou a teoria da guerra centrada em rede,[52] a teoria da guerra híbrida sugere que ela também influenciou a aplicação da guerra social em rede nas revoluções coloridas. Os usuários do Facebook criam voluntariamente seu próprio perfil psicológico através de informações que publicam voluntariamente, das curtidas que produzem e dos amigos e grupos *online* aos quais se associam. As agências de inteligência podem então usar o fenômeno do *Big Data* para organizar, filtrar e acompanhar o perfil macrossocial do povo em países alvo a fim de potencializar seus mecanismos de projeção a eles. A "publicidade dirigida" pelo movimento das revoluções coloridas imita a do próprio Facebook, embora para fins políticos em vez de econômicos. Essa teoria pode justificar até mesmo as explicações de segurança dadas pela China e outros países para banir o Facebook.

Contudo, as organizações de inteligência não são meros usuários passivos das mídias sociais, contudo, uma vez que comprovadamente empregam ativamente esse meio em operações de engenharia social. Niekerk e Maharaj documentam como as Forças Armadas dos EUA estavam usando o *software* Persona para criar dez contas de mídia social marionete por pessoa, gerando "potencial para ampliar a influência psicológica que um pequeno grupo de operadores ocultos pode exercer em um público maior". Embora o objetivo disso fosse "gerar consenso favorável aos Estados Unidos sobre questões controversas", os autores sugerem que isso também poderia ser usado para "instigar protestos e primaveras populares" (isto é, revoluções coloridas).

Acontecimentos recentes sugerem que instigar a agitação civil e fomentar uma mente de colmeia em Estados-alvo são os verdadeiros objetivos por trás do envolvimento encoberto do governo dos EUA no Facebook e em outras redes sociais. A Russian Telegraph (RT) divulga que o Facebook realizou experimentos psicológicos secretos em mais de meio milhão de usuários para "estudar como os estados emocionais são transmitidos pela plataforma".[53] O estudo foi chamado de "Experimental evidence of massive-scale emotional contagion through social networks" ("Evidência experimental do contágio emocional em larga escala através das redes sociais") e chegou a essa mesma conclusão, a saber, que "as emoções espalham-se por contágio através de uma rede", aumentando assim o poder de uma organização de inteligência para fabricar uma mente de colmeia a nível social (que será discutida na próxima seção).

Fatalmente, foi revelado logo depois que a pesquisa secreta do Facebook estava ligada, por um de seus autores e instituições, à "Iniciativa de Pesquisa Minerva do Pentágono". Esse projeto oferece fundos a pesquisadores que estudam a conexão entre as mídias sociais e a agitação civil. O autor em questão, Jeffrey Hancock, descreve-se na página da Universidade de Cornell como interessado nas "dinâmicas psicológicas e interpessoais das mídias sociais, fraude e linguagem" e já recebeu fundos da Minerva para conduzir pesquisas tais como "Modeling Discourse and Social Dynamics in Authoritarian Regimes" ("Discurso modelador e dinâmica social em regimes autoritários") e "Known Unknowns: Unconventional Strategic Shocks in Defense Strategy Development" ("Desconhecidos conhecidos: choques estratégicos não convencionais no desenvolvimento da estratégia de defesa"). A Universidade de Cornell já cooperou com a Iniciativa Minerva para prever "a dinâmica de mobilização e propagação dos movimentos sociais" e desejava "prever 'a massa crítica [ponto de virada]' da agitação e reviravolta sociais estudando suas 'pegadas digitais' com base em uma série de eventos recentes".

A bem da verdade, a Agência de Projetos de Pesquisa Avançada de Defesa (Darpa) do Pentágono investe milhões de dólares para financiar outras pesquisas semelhantes para seu programa de Mídias Sociais e Comunicações Estratégicas (SMISC).[54] O artigo da RT traz uma citação do site da Darpa que diz que "com o programa, a Darpa busca desenvolver ferramentas para apoiar os esforços de operadores humanos no contra-ataque a campanhas de desinformação ou fraudulentas com informações verdadeiras". Considerando o que já foi discutido sobre como as mídias sociais e redes *online* podem ser usadas para operações psicológicas, ao que parece, a declaração da Darpa não está revelando toda a verdade. Em vez de ser usado para a defesa, como a Darpa dá a entender, seu programa SMISC também pode ser usado ofensivamente para infectar o público destinatário com ideias contra o governo através de mídias sociais e plataformas de rede como o Facebook. Isso pode ser usado para fabricar uma mente de colmeia que pode ser manipulada para dar início a agitação civil em larga escala na hora certa, que, uma vez notada pela mídia internacional (Ocidental), torna-se uma "revolução colorida".

Os enxames e a mente de colmeia

Mencionou-se nas seções acima que o grande objetivo da inteligência estrangeira ao infiltrar-se nas redes sociais é criar uma mente de colmeia. Essa mente de colmeia faz então com que seus membros formem um enxame contra o alvo de maneira aparentemente caótica a fim de abalar o ciclo OODA e levá-lo ao colapso. No contexto da guerra híbrida, essas são as massas insurgindo contra os centros simbólicos e administrativos de poder das autoridades como um enxame unificado (se descentralizado) a fim de provocar a troca de regime pela lei da aglomeração (isto é, caos organizado e dirigido).

De acordo com a pesquisa do livro até aqui, ficou demonstrado que as mentes de colmeia podem ser fabricadas por organizações de inteligência estrangeiras através de plataformas de mídia social e princípios da guerra em rede. As técnicas de "relações públicas" advogadas pela primeira vez por Bernays são extensivamente colocadas em prática nos mundos virtual e físico para permitir que isso aconteça. A finalidade disso tudo é reunir o máximo possível de pessoas que vieram indiretamente a compartilhar das mesmas convicções contra o governo. É imprescindível que esses indivíduos também sejam "programados" por meio das táticas de guerra neocortical reversa para que desejem ativamente provocar a mudança quando a decisão de iniciar a revolução colorida for tomada. Graças a esses meios, partes díspares tornam-se "uma só mente" e podem ser mobilizadas como uma unidade.

Essa mente de colmeia também pode ser chamada de consciência coletiva ou inteligência de enxame dependendo se sua mobilização é, respectivamente, passiva ou ativa. A consciência coletiva é definida por Anna Piepmeyer da Universidade de Chicago como "a condição do sujeito dentro da sociedade como um todo, e como qualquer dado indivíduo vem a se perceber como parte de dado grupo".[55] A autora prossegue elaborando que a consciência coletiva é "o afeto/efeito em e dentro de qualquer dado público cujos pensamentos e ações são constantemente mediados por pressões externas", a guerra híbrida tomando essas pressões externas no sentido específico de influência de organizações de inteligência estrangeiras dedicadas a promover agitação civil com vistas à troca de regime dentro de um Estado/sociedade-alvo. Uma importante descoberta de Piepmeyer é que "a consciência coletiva é um termo muito propício para os teóricos da mídia porque postula um, senão o, efeito das mídias – cuja função primordial mais ampla consiste em transportar/transmitir/interpretar/reificar mensagens/informações de um lugar a outro". Tudo isso está de acordo com o entendimento da guerra híbrida sobre o papel das mídias sociais em gerar artificialmente discordância contra um governo.

A mente de colmeia torna-se ativa quando seus membros participam de uma ação contra o governo, daí a transição para a inteligência de enxame. Gianni Di Caro da Universidade de Washington diz que ela é "uma metáfora computacional e comportamental recente [...] que originalmente teve como inspiração os exemplos biológicos proporcionados por insetos sociais (formigas, térmites, abelhas, vespas) e pelos comportamentos de enxame, rebanho e manada nos vertebrados".[56] O sintagma "inteligência de enxame" foi usado pela primeira vez para descrever a inteligência artificial inspirada no comportamento de certos insetos, mas também aplica-se relevantemente a seres humanos operando dentro de uma rede social. Arquilla e Ronfeldt escreveram sobre o assunto em 2000 quando publicaram "Swarming and the Future of Conflict" ("A formação de enxames e o futuro dos conflitos").[57] Em seu livro, os pioneiros da guerra em rede descrevem o método de guerra da formação de enxames da seguinte maneira:

> Os enxames são aparentemente amorfos, mas são uma forma deliberadamente estruturada, coordenada e estratégica para atacar de todos os lados, através de uma pulsação sustentável de força e/ou fogo tanto de perto quanto de longe. Eles funcionarão melhor – quiçá só funcionarão – se forem desenvolvidos principalmente em torno da mobilização de unidades de manobra inúmeras, pequenas, dispersas e interconectadas (o que chamamos de "bandos" organizados em "aglomerados").

Eles afirmam assertivamente que "o advento de operações de informação avançadas trará a formação de enxames à tona, estabelecendo um novo padrão de conflito". Além disso, eles defendem que "operações de informação (IO) ligeiras – em especial o setor das operações de informação que lida com a administração dos próprios fluxos de informação – se farão necessárias para a consolidação da formação de enxames". O que isso significa é que a guerra de quarta geração, a revolução da informação e a guerra em rede, são todas combinadas para estabelecer a tática da formação de enxames, que representa o epítome da teoria do caos armatizada em formato social. Decerto, isso também tem aplicações militares, mas estas serão discutidas no capítulo 3 quando o pilar de guerra não convencional da guerra híbrida for examinado.

Os enxames e as revoluções coloridas

Voltando agora às revoluções coloridas, Engdahl vê a formação de enxames claramente como uma tática-chave usada para provocar com êxito as revoluções coloridas em seu já mencionado trabalho *Full Spectrum Dominance: Totalitarian Democracy in the New World Order* (*Dominação de espectro total: democracia totalitária na nova ordem mundial*).[58] Ele vê as redes e a tecnologia como ingredientes centrais para a formação de enxames. Ao escrever sobre a Revolução Bulldozer de 2000[*] na Sérvia, o primeiro caso de revolução colorida, ele declara:

> As táticas não violentas com que a juventude da Otpor! foi treinada, ao que consta, foram baseadas na análise da RAND corporation sobre os métodos de guerra de Ghengis Khan atualizados para as tecnologias de rede modernas que interconectam as pessoas como abelhas em um enxame. Usando imagens de satélite GPS, agentes especiais puderam direcionar seus líderes, selecionados a dedo e especialmente treinados, em solo para dirigir protestos relâmpago 'espontâneos' que sempre fugiam à polícia ou às Forças Armadas.

Ele continua observando que:

> O que o golpe de Belgrado contra Milošević teve de novidade foi o uso da Internet – em especial das salas de bate-papo, troca de mensagens instantâneas e blogs – junto com telefones móveis ou celulares, incluindo troca de mensagens de texto SMS. Usando esses recursos de alta tecnologia que só surgiram em meados dos anos 1990, um punhado de líderes pôde dirigir com presteza a juventude rebelde e sugestionável da 'Geração X' para dentro e para fora de protestos de massa a seu bel-prazer.

Essa observação corrobora que as redes, organizadas e ativamente mobilizadas por meios tecnológicos, podem evoluir para células de enxame que desestabilizam a sociedade com vistas a derrubar governos alvo. Isso faz de suas táticas indiretas e caóticas, minando o ciclo OODA das autoridades e dando a iniciativa estratégica de bandeja para os enxames ofensivos. Hoje em dia, o

---

[*] Referência à derrubada do presidente sérvio Slobodan Milošević em 2000. (N.E.)

Google Maps, YouTube, Facebook e Twitter são partes integrantes do "arsenal" que os guerreiros híbridos empunham, sendo os dois últimos especificamente reconhecidos por ter ajudado a concretizar os eventos da Primavera Árabe.[59] É assim que a teoria das guerras híbridas vê essas quatro plataformas sociais, todas disponíveis em telefones celulares modernos, trabalhando em conjunto para desestabilizar caoticamente a sociedade e ajudar na formação de enxames:

O Facebook é o portal para reunir e fazer propaganda do movimento de revolução colorida. Ele recruta apoiadores e permite a criação de grupos fechados nos quais ativistas contra o governo podem se encontrar e discutir suas estratégias virtualmente. Uma vez tomada a decisão de iniciar a revolução colorida, o Google Maps é usado para planejar rotas de protesto, localizar áreas públicas (tipicamente parques) onde os ativistas podem se organizar de antemão e identificar os melhores lugares para o enxame de manifestantes reunir-se (Maidan, no caso da Ucrânia). Durante o combate urbano contra os serviços de segurança, o Google Maps pode rapidamente exibir rotas de fuga para os combatentes e ajudá-los a elaborar estratégias para seus ataques. Essas informações, incluindo a difusão de mensagens de qualquer natureza a todos os membros do movimento, podem ser transmitidas instantaneamente via Twitter. Por fim, os ativistas podem filmar os procedimentos com seus telefones celulares e publicar vídeos favoráveis ao movimento (e potencialmente enganosos e/ou editados) no Youtube. Eles podem então usar as mesmas contas no Twitter e Facebook, ou outras, para fazer propaganda de seus vídeos na Internet na tentativa de obter o máximo de visualizações possível. As *hashtags* ajudam a organizar as informações para que seja possível recuperar resultados com rapidez, além de facilitar a busca no Google e em outros algoritmos de busca. O objetivo é fazer com que o movimento da revolução colorida torne-se "viral", ganhando exposição internacional (no Ocidente) e, com isso, abrindo espaço para que os EUA e outros governos façam declarações públicas e tentem diplomaticamente se envolver nos assuntos soberanos de um Estado independente em meio ao alarde público nacional em favor. De acordo com a abordagem adaptativa delineada na Introdução, isso pode levar, em última análise, a uma operação militar, mas é importante reconhecer que toda essa desestabilização deve sua gênese ao papel das mídias sociais.

As táticas e a prática das revoluções coloridas

Esta seção discute algumas das técnicas das revoluções coloridas na prática. Ela mune o leitor de conhecimento acerca do que acontece fisicamente nas ruas uma vez que uma revolução colorida tem início.

"O Maquiavel da não violência"

Gene Sharp, sozinho, talvez seja o maior responsável pelo sucesso das revoluções coloridas. Considerado "o Maquiavel da não violência",[60] ele descreve extensamente como métodos não violentos podem ser usados para desestabilizar um governo e minar sua autoridade. Acreditando estar em uma missão épica para liberar todos os povos do mundo do que vê como ditadura e autocracia,[61] Sharp dedica sua vida a bolar técnicas não violentas inovadoras e perturbadoras que os revolucionários coloridos podem usar para grande efeito. Sua obra mais célebre foi *Dictatorship to Democracy: A Conceptual Framework for Liberation [Da ditadura à democracia: uma estrutura conceitual para a libertação]*,[62] a qual, de acordo com Sharp, foi inspirado a escrever para derrubar o governo da Birmânia em 1993. Nela, ele sugere ideias especializadas para organizar grupos de resistência não violenta destinados a derrubar um governo e também disserta sobre o que vê como as vulnerabilidades institucionais de fortes governos centralizados ("ditaduras"). O ex-coronel do Exército dos EUA Robert Helvey cooperou com Sharp e é, inclusive, creditado por ele na criação do conceito de "desobediência política em massa". As informações são muito detalhadas e extensas para incluir neste livro e, portanto, recomenda-se que os interessados deem uma olhada no livro de Sharp por conta própria para captar o âmbito estratégico dessa obra. Ainda assim, alguns trechos merecem destaque:

> Em algumas questões básicas não deve haver qualquer compromisso. Só uma mudança nas relações de poder em favor dos democratas pode proteger adequadamente as questões básicas em jogo. Tal mudança ocorrerá por meio da luta, não das negociações.
>
> [...] a retirada de colaboração popular e institucional com os agressores e os ditadores diminui, e pode até cortar a disponibilidade das fontes de poder de que todos os governantes dependem. Sem disponibilidade dessas fontes, o poder dos governantes enfraquece e, finalmente, se dissolve.
>
> A luta não violenta é um meio muito mais complexo e variado que a violência. Em vez disso, a luta é travada por armas psicológicas, sociais, econômicas e políticas aplicadas pela população e as instituições da sociedade.
>
> Os estrategistas precisam lembrar que o conflito em que a rebelião política é aplicada é um campo de luta em constante mudança, com interação contínua de ações e reações. Nada é estático.
>
> Não cooperação e rebelião em massa podem, assim, mudar situações sociais e políticas, especialmente as relações de poder, em que a capacidade dos ditadores de controlar os processos econômicos, sociais e políticos de governo e a sociedade é de fato retirada.
>
> O efeito cumulativo de campanhas de rebelião política bem conduzidas e bem-sucedidas é o de reforçar a resistência e estabelecer e expandir as áreas da sociedade, onde a ditadura enfrenta limites ao seu controle efetivo.

Como se pode ver, *Da ditadura à democracia* é o manifesto e o chamado não violento às armas para revolucionários coloridos de todo o mundo.

O manual de campo das revoluções coloridas

Aproveitando o sucesso de uma década de *Da ditadura à democracia* e sua aceitação difundida por grupos subversivos ao redor do mundo, Sharp escreveu uma continuação em 2003 intitulada

There Are Realistic Alternatives [Existem alternativas realistas].[63] Ao passo que seu primeiro livro era o manifesto e a estratégia, este pode ser considerado o plano de ação e as táticas, traçando 198 métodos específicos de resistência não violenta[64] nos quais pensou e/ou viu em ação previamente. A maioria deles trata-se de técnicas de desobediência em massa convencionais que, a essa altura, já são bem conhecidas dos observadores das revoluções coloridas:

1. Discursos Públicos
7. Slogans, caricaturas e símbolos
38. Marchas
47. Assembleias de protesto ou de apoio
63. Desobediência social
124. Boicote às eleições
131. Recusa em aceitar funcionários nomeados
173. Ocupação não violenta
183. Ocupação de terra não violenta
198. Dupla soberania e governo paralelo

Outras são, no mínimo, mais inovadoras:

12. Mensagens no céu e em terra
22. Protestos nus
30. Gestos obscenos
32. Desacato a autoridades
44. Representação de funerais
69. Desaparecimento coletivo
140. Esconderijo, fuga e identidades falsas
158. Autoexposição aos elementos
159. Greve de fome
178. Teatros de guerrilha

Essas e outras técnicas compõem os métodos não violentos de resistência que os revolucionários coloridos lançam mão, mas vale lembrar que medidas de guerra não convencional violentas (em especial nos casos da crise na Síria e do EuroMaidan) também são comumente empregadas por insurgentes urbanos em sua cruzada contra o governo. A maior parte dos métodos ativos que os membros das revoluções coloridas praticam, especialmente os violentos, torna-se mais eficiente com a formação de enxames.

A aplicação dos ensinamentos de Sharp pode ser vista em todas as revoluções coloridas até hoje, o que foi observado inclusive por Engdahl. No que talvez não seja uma coincidência, a *Voice of America*, financiada pelo governo dos EUA e antigamente pela CIA, rapidamente deu crédito a Sharp por influenciar os eventos da Primavera Árabe no dia 5 de junho de 2011.[65] Importante considerar que isso não foi dado como uma opinião, mas sim como uma "notícia" real. O *Telegraph* repetiu o mesmo um mês depois[66] e, então, em setembro de 2011, um documentário sobre sua vida e obra chamado *Como começar uma revolução* foi lançado, que também deu continuidade a essa narrativa.[67] No ano seguinte, essa narrativa ganharia eco na CNN[68] e no *New York Times*.[69] Fica muito claro o desejo da mídia ocidental em divulgar que a literatura de Sharp foi muito influente nas revoluções coloridas generalizadas que ganharam a alcunha de "Primavera Árabe".

Para colocar tudo isso em uma perspectiva geopolítica, é necessário recordar os conceitos de bálcãs eurasiáticos, *rimland* e *shatterbelt* do capítulo 1. Se colocadas em um mapa, as localizações das revoluções coloridas tradicionais e da Primavera Árabe (que a Conferência de Moscou sobre Segurança Nacional de 2014 identificou como uma onda de revoluções coloridas) corroboram essas teorias geopolíticas. Logo, as publicações de Sharp foram colocadas em prática com sucesso em algumas das áreas mais politicamente voláteis do mundo para levar a cabo a desestabilização caótica e a troca de regime. Isso prova ainda a irônica letalidade que seus métodos "não violentos" tiveram para governos legítimos, para não falar nos danos pessoais colaterais que exportaram indiretamente para a Síria e a Ucrânia.

Célebres profissionais das revoluções coloridas

Há dois célebres funcionários do governo dos EUA que devem ser mencionados em se tratando da prática das revoluções coloridas: John Tefft e Frank Archibald. Esses dois estão fortemente associados a esse pilar da guerra híbrida, em que a influência de ambos foi profunda.

John Tefft

O primeiro é John Tefft, o novo embaixador dos EUA na Rússia. Antes de sua mais recente posição, ele ocupou alguns cargos proeminentes durante momentos-chave. A *Voice of Russia* detalhou seu histórico e informa que ele foi chefe de missão adjunto na Embaixada dos EUA em Moscou de 1996 a 1999,[70] entre a Primeira e Segunda guerras da Chechênia. Em seguida, ele atuou como embaixador dos EUA na Lituânia entre 2000 e 2003 enquanto o país se preparava para ingressar na UE e na OTAN em 2004. Depois disso, ele deu uma pausa na diplomacia e atuou por um ano como conselheiro de assuntos internacionais no National War College em Washington, DC., de 2003 a 2004. De volta à sua função como embaixador, ele trabalhou na Geórgia de 2005 a 2009. Isso é particularmente interessante uma vez que coincide com a guerra Russo-Georgiana de 2008, e, como se não bastasse, a Geórgia foi um importante Estado cliente dos EUA para a importação de armas[71] e participação nas guerras do Afeganistão e Iraque.[72]

Mais relevante ao livro, contudo, é a nomeação de Tefft como embaixador dos EUA na Ucrânia de 2009 a 2013. Foi durante esse período que a revolução colorida contra Viktor Yanukóvytch, que voltou à presidência em 2010, foi preparada. No mesmo artigo sobre o histórico de Tefft, a *Voice of Russia* perguntou a Dmitry Polikanov, Vice-Presidente do PIR Center e Presidente do Trialogue International Club, o que ele pensava sobre o novo embaixador dos EUA na Rússia. Ele respondeu o seguinte:

> Por um lado, o embaixador Tefft tornou-se notório em Moscou por seu profundo envolvimento nos assuntos domésticos da Geórgia e Ucrânia. Muitas autoridades russas não se esquecerão de algumas de

> suas declarações anteriores nem de seu currículo como conselheiro na 'Revolução Laranja' e, portanto, ao que tudo indica, ele não gozará de nada além de comunicações secas e formais. Além disso, embora Michael McFaul tenha sido chamado supostamente de um dos 'teóricos da mudança', *John Tefft estava no centro da prática de mudança na Geórgia e Ucrânia.* (grifo do autor)

Isso demonstra que Tefft pode, portanto, ser chamado de profissional da mudança via revolução colorida na antiga periferia soviética uma vez que apoiou o governo Rose na Geórgia durante sua guerra contra a Rússia e ajudou a concretizar a derrubada de Yanukóvytch. Esses dois países são importantes postos geopolíticos de influência dos EUA perto das fronteiras da Rússia (em especial à luz dos contextos geopolíticos explorados no capítulo 1), elevando assim ainda mais a importância de Tefft. Além disso, considerando a relativamente rápida substituição da influência russa na Ucrânia pela dos EUA e OTAN desde o golpe de fevereiro (sendo a importante exceção a reunificação da Crimeia), ele pode ser visto como muito eficiente na prática de suas funções anti-Rússia. Sem sombra de dúvida, a nomeação de Tefft como embaixador dos EUA é a recompensa por seu histórico de intensa promoção da política externa dos EUA na antiga esfera soviética. Pode ser até mesmo que ele esteja planejando organizar a infraestrutura necessária para praticar uma futura revolução colorida na Rússia.

Frank Archibald

Frank Archibald foi chefe do Serviço Nacional Clandestino da CIA (NCS), o ramo da agência encarregado de operações secretas, até o início de 2015. Essas operações podem variar de golpes (revoluções coloridas) a assassinatos. Não se sabe muito sobre Archibald além de um breve pano de fundo de seu histórico divulgado pela *Newsweek Magazine* em outubro de 2013,[73] quase meio ano após sua nomeação. Foi em maio de 2013 que um ex-repórter da *Washington Post* expôs a identidade de Archibald como novo líder da

NCS no Twitter, e o artigo da *Newsweek* destinava-se a oferecer algum material de pano de fundo vago só para constar como seu histórico de carreira. O fato mais importante e crítico mencionado foi que a *Associated Press* afirmou que ele foi "o homem das armas" durante a guerra civil Bósnia e "coordenou a ação secreta que ajudou a remover o presidente sérvio Slobodan Milošević do poder". A importância disso não pode ser exagerada. Porém, quando um especialista em campanhas paramilitares e revoluções coloridas, coincidentemente um indivíduo que concretizou a primeira revolução colorida de sucesso na história, sobe ao topo do NCS, então todo e qualquer movimento de revolução colorida deve ser legitimamente colocado sob suspeita de ser uma operação da CIA, assim como qualquer guerra não convencional que apoie os interesses dos EUA. A nomeação de Archibald também demonstra que esses métodos possivelmente se tornarão mais difundidos e comumente empregados pelos EUA do que nunca.

Conclusão do capítulo

Este capítulo explorou a gênese teórica das revoluções coloridas e sua aplicação nos dias de hoje. Ficou demonstrado que as revoluções coloridas devem seus fundamentos básicos às técnicas de psicologia das massas que Edward Bernays elaborou pela primeira vez em *Propaganda*. Isso porque as revoluções coloridas tratam, antes de mais nada, e sobretudo, de disseminar certa mensagem (por exemplo, contra o governo) para um vasto público, e é aí que os ensinamentos de Bernays melhor se aplicam. Vale lembrar que essa mensagem é externa em sua origem e desenvolvida para manchar a autoridade do governo alvo. Ela mira a psiquê do indivíduo para motivá-lo a lutar, assumindo as características de uma guerra neocortical reversa. Em larga escala, e com o auxílio dos novos avanços da tecnologia da informação e dos meios de comunicação, ela se transforma em uma guerra em rede e centrada em rede. O objetivo é conseguir que um grande número de pessoas faça parte da rede social do movimento de revolução colorida e espalhe a ideia da mesma forma que um vírus espalha sua infecção em um sistema biológico ou tecnológico.

As Forças Armadas dos EUA e as empresas privadas de tecnologia (no estudo de caso específico do livro, o Facebook) uniram forças para potencializar o efeito da guerra social em rede no século XXI. O objetivo é criar uma mente de colmeia de incontáveis indivíduos que dedicam-se na cruzada contra o governo e tornam-se "uma só mente". A colmeia pode ser então manipulada para investidas táticas em enxame que são a manifestação da teoria do caos armatizada e contra as quais é extremamente difícil para as autoridades se preparar e repeli-las. Os métodos de Gene Sharp são usados em peso durante essa fase dos enxames e oferecem maneiras inovadoras para que estes desestabilizem a sociedade. Essa abordagem padronizada foi observada em toda revolução colorida e durante a revolução colorida em larga escala conhecida como "Primavera Árabe". Além disso, a era das revoluções coloridas está longe de acabar, uma vez que dois de seus mais proeminentes profissionais foram promovidos a algumas das posições mais importantes no governo dos EUA: John Tefft, o gênio por trás do EuroMaidan, agora é embaixador dos EUA na Rússia, e Frank Archibald, ex-"homem das armas" da CIA na Bósnia e orquestrador da primeira revolução colorida bem-sucedida da história na Sérvia em 2000, esteve no comando da NCS da CIA do fim de 2013 ao início de 2015. Tudo isso combinado comprova que o mundo só começou a viver a revolução da guerra híbrida na estratégia militar.

3 – Aplicação da guerra não convencional

O que é a guerra não convencional?

Antes de dar início ao capítulo, vale definir exatamente o que é uma guerra não convencional e como ela é entendida neste livro. O tenente-coronel Brian Petit, escrevendo para a *Special Warfare* [*Guerra especial*], a publicação trimestral oficial do John F. Kennedy Special Warfare Center and School [Centro-escola de guerra especial John F. Kennedy] do Exército dos Estados Unidos, define a guerra não convencional como:

> 'atividades conduzidas para viabilizar um movimento de resistência ou insurgência a coagir, abalar ou derrubar um governo ou poder ocupante por operação por meio de ou com uma força clandestina, auxiliar e guerrilheira em uma área renegada.' [A guerra não convencional] não é um mecanismo que atua com vistas a criar as condições para uma revolução – em vez disso, ela apodera-se de uma infraestrutura política, militar e social pré-existente e a apoia com vistas a acelerar, estimular e incentivar ações decisivas baseadas em ganho político calculado e nos interesses nacionais dos EUA.[74]

Vale destacar a última parte da descrição de guerra não convencional de Petit. A guerra não convencional não acontece sozinha e espontaneamente; em vez disso, ela é a continuação de um conflito já existente na sociedade, e a função da guerra não convencional é ajudar um movimento contra o governo atuando dentro desse conflito a derrubar as autoridades. A guerra híbrida levanta a hipótese de que o conflito pré-existente em questão é uma revolução colorida fabricada externamente e que a guerra não convencional pode ser iniciada de forma secreta quase que imediatamente após o início da revolução colorida para atuar como um multiplicador de forças. A campanha de uma guerra não convencional cresce em intensidade até que o governo alvo seja derrubado. Se a revolução colorida fracassa, contudo, a guerra não convencional, por fim, assume seu estágio de levante e começa a enfatizar a letalidade extrema em seus métodos. A guerra não convencional basicamente se desenvolve a partir de uma revolução colorida, que, em si, é uma semente plantada estrategicamente com a justificativa da "luta pela libertação democrática", como é habitualmente retratado de maneira enganosa pela mídia ocidental.

Neste livro, a guerra não convencional também significa qualquer forma não convencional de guerra, incluindo guerrilha, insurreição urbana, sabotagem e terrorismo (guerra irregular). Ela inclui especificamente combatentes não convencionais, tais como mercenários e outros atores desvinculados do Estado, além de forças operacionais especiais uniformizadas. Ela não é composta por tanques, soldados e linhas de batalha bem definidas, o que faz dela extremamente não linear e caótica, e, via de regra, ataca o inimigo de maneira indireta. Ela é para o tangível o que as revoluções coloridas são para o intangível, ou seja, o caos armatizado e direcionado com a intenção de cumprir os objetivos de troca de regime.

Histórico e vantagens

Os EUA têm um longo histórico de envolvimento em campanhas de guerra não convencional. O Escritório de Serviços Estratégicos, o precursor da CIA, atuou na Índia, Birmânia e China para fomentar movimentos guerrilheiros antijaponeses durante a Segunda Guerra Mundial.[75] Durante a Guerra Fria, a CIA assumiu o comando e tentou derrubar mais de cinquenta governos nacionais,[76] embora os EUA só tenham admitido sete de seus sucessos.[77] Algumas dessas tentativas envolveram o uso de guerra não convencional, por exemplo, a guerra secreta da CIA para treinar paramilitares tibetanos na luta contra os comunistas chineses.[78] O uso de estratégias de guerra não convencional por parte dos EUA viu grande aumento durante os anos 1980 com a Doutrina Reagan,[79] quando Washington apoiou insurreições anticomunistas violentas na Angola, Etiópia, Afeganistão e Nicarágua. O manejo simultâneo bem-sucedido de tantas guerras não convencionais ao redor do mundo proporcionou aos EUA experiências inestimáveis para aperfeiçoar essa estratégia, que está sendo praticada hoje na Síria.

A guerra não convencional possui certas vantagens que a tornam um instrumento atraente para atingir os objetivos da política externa dos EUA. Em primeiro lugar, ela é uma estratégia para troca de regime indireta e pode ser útil contra Estados-alvo onde os EUA, por qualquer motivo que seja (político, militar, a orientação do sistema internacional etc.), não podem intervir diretamente à maneira que fizeram no Iraque em 2003, por exemplo. Ademais, uma vez que resulta em uma guerra por procuração indireta, os EUA são absolvidos da culpabilidade direta por quaisquer ações (incluindo crimes de guerra) que suas partes venham a colocar em prática durante o conflito. O apoio a grupos por procuração também é mais barato e econômico do que enviar as Forças Armadas convencionais dos EUA. Se a operação de guerra não convencional for bem-sucedida, os EUA com uma pequena parte do que normalmente gastariam, conseguem atingir o mesmo objetivo que uma intervenção convencional cara. Por fim, a guerra não convencional é o perfeito exemplo de caos armatizado, e, como tal, dá ao país praticante a iniciativa estratégica durante o conflito.

A ascensão dos atores desvinculados do Estado e das forças especiais

O fim da Guerra Fria levou a uma drástica mudança nos atores que influenciam o ambiente internacional. Durante os anos 1990, o papel dos atores desvinculados do Estado cresceu, ao passo que o dos Estados-nação diminuiu.[80] Jahangir Arasli do Institute of Near East and Gulf Military Analysis, com sede em Dubai, escreve que o fim da Guerra Fria resultou na "emergência de uma gama múltipla e diversa de atores desvinculados do Estado violentos e hostis, empoderados pelo impacto da globalização e pelo papel decrescente dos Estados, e viabilizados por ideologias radicais, pelo acesso a financiamento e tecnologias *open-source*",* levando ao predomínio da guerra assimétrica nos conflitos do século XXI. Para facilitar o entendimento, os termos guerra assimétrica e guerra não convencional são intercambiáveis neste livro.

Além dos movimentos contra o governo, alguns dos atores desvinculados do Estado mais influentes que ascenderam à notoriedade global são terroristas e mercenários. O leitor já deve estar familiarizado com as contribuições do terrorismo às relações internacionais, uma vez que os ataques de 11 de setembro serviram de pretexto para a guerra mundial contra o terror dos EUA e seu envolvimento militar ofensivo ao redor do mundo. A influência dos mercenários, contudo, tem sido mais subjugada e fugiu largamente ao olhar do público. Nicolai Due-Gundersen escreveu para o *Small Wars Journal* [*Periódico das pequenas guerras*] que as empresas militares privadas e os prestadores de serviços de segurança privados (ou seja, instituições legais vendendo serviços mercenários) tiveram crescimento exorbitante após a Guerra Fria.[81] Como nos mostra o tiroteio da Blackwater em Bagdá em 2007,[82] esses grupos podem ocasionalmente agir de maneira exaltada e tomar parte em massacres em massa. Tirando esse incidente, contudo, pouquíssima atenção pública é dada às empresas mercenárias, embora elas sejam empregadas ativamente em dois dos conflitos mais significativos do mundo, na Síria[83] e na Ucrânia.[84]

Em ambas as zonas de conflito, todas as três categorias supramencionadas de atores desvinculados do Estado (movimentos contra o governo, terroristas e mercenários) são combinadas em uma mesma rede. Na Síria, os agitadores contra o governo que

---

* *Open source* ou código aberto é um termo originário da tecnologia de informação e refere-se a *softwares* cujos códigos em que foram escritos são abertos e disponíveis, sendo acessíveis a outro programadores para usá-los, copiá-los, distribuí-los e melhorá-los. (N.E.)

iniciaram a tentativa de revolução colorida lutam pelos mesmos objetivos de troca de regime que terroristas internacionais[85] (e, em muitos casos, os dois se tornaram uma coisa só[86]) e contratam abertamente combatentes cujos salários são financiados por governos estrangeiros.[87] A situação parece um tanto diferente na Ucrânia, mas o padrão é o mesmo. Ao que consta, alguns dos membros do EuroMaidan foram treinados na Polônia antes da desestabilização,[88] e a atividade violenta do movimento foi coordenada pela ultraextremista porém altamente eficiente Pravy Sektor, que ficou conhecido por suas táticas terroristas de lançar explosivos contra policiais.[89] A conexão entre as revoluções coloridas, a guerra não convencional, os objetivos de troca de regime dos EUA e os atores desvinculados do Estado oferece ainda mais provas para confirmar a teoria da guerra híbrida.

Para completar, os EUA estão deixando gradativamente sua dependência de forças convencionais corpulentas e estão passando a adotar para Forças Armadas mais magras e móveis com forte ênfase nas forças especiais. Isso faz parte da mudança para os fundamentos associados à estratégia da liderança velada. De fato, o Pentágono está reduzindo o exército a níveis pré-Segunda Guerra Mundial[90] enquanto injeta mais recursos para reforçar suas forças especiais[91] e recursos de inteligência[92] e contrata cada vez mais empresas militares privadas.[93] Dessa forma, os EUA estão se colocando em uma posição em que possam travar guerras híbridas com eficiência no futuro.

A estratégia da guerra não convencional

A guerra não convencional, tal como sua contraparte, a revolução colorida social, segue à risca certas estratégias para potencializar seus esforços com vistas à troca de regime. Nas subseções a seguir, será feita uma recapitulação das teorias militares já discutidas nos capítulos anteriores, adaptando-as para as particularidades da guerra não convencional.

Os cinco anéis

Os cinco anéis de Warden constituem a base estratégica das guerras não convencionais. Na verdade, eles aplicam-se mais claramente às guerras não convencionais do que às revoluções coloridas, pois o conceito pode ser usado em sua forma pura sem nenhuma modificação. Grupos insurgentes e guerrilheiros são muito úteis para atacar as bases do sistema, a infraestrutura e a população de uma sociedade sem aviso prévio para, então, se dispersar novamente de volta à coletividade da população ou às zonas rurais. Eles confundem a linha divisória entre civil e militar, o que os torna ainda mais difíceis de serem detectados pelas autoridades e, por conseguinte, permite que eles se aproximem de seus possíveis alvos. Os praticantes da guerra não convencional podem estar ao mesmo tempo "em todos os lugares e em lugar nenhum", o que significa dizer que, teoricamente, eles são capazes ameaçar simultaneamente cada um dos cinco anéis.

Como já tratado anteriormente, os três anéis mais internos são mais propícios ao ataque porque os guerreiros não convencionais geralmente não têm o preparo necessário para confrontar diretamente as Forças Armadas em ocasiões frequentes, nem têm muitas oportunidades para investir contra líderes militares ou políticos. As batalhas contra as Forças Armadas obviamente ocorrem quando o grupo de guerra não convencional tenta ganhar ou manter um território, mas essa não é sua especialidade, que está mais no âmbito das guerras convencionais, e, embora possam não ter muitas chances de atacar os líderes do *Establishment*, contudo, eles podem ser bem-sucedidos em aterrorizar líderes civis.

A abordagem indireta e o ciclo OODA

A abordagem indireta ocupa lugar proeminente na doutrina das guerras não convencionais. Na forma como os EUA comandam as guerras não convencionais, eles utilizam forças por procuração compostas por atores desvinculados do Estado para cumprir suas ordens em Estados selecionados, o que significa que existe um nível agregado de influência indireta sendo utilizado. Outros Estados são capazes de praticar diretamente a guerra não convencional em certas circunstâncias, mas, no contexto deste livro, este não é o caso. Em vez disso, os Estados-alvo estão na extremidade defensiva de uma guerra não convencional travada por atores desvinculados do Estado "liderados de forma velada" pelos EUA.

Na maior parte do tempo, os praticantes diretos da guerra não convencional, pela própria natureza das táticas que empregam, não têm os recursos convencionais necessários para cumprir seus objetivos diretamente. Por exemplo, eles não são capazes de conduzir colunas de soldados para dentro de uma cidade antes de atacá-la. O que eles fazem, contudo, é infiltrar seus membros na população civil da cidade e, então, "ativá-los" de dentro quando chega a hora certa. Essa estratégia foi empregada pelos comunistas antes da Ofensiva do Tet de 1968[94] com sucesso inequívoco. Como alternativa, em vez de lançar um ataque convencional para destruir uma infraestrutura importante, tal como usinas de energia, ataques terroristas podem ser usados para tirá-las de atividade.[95] Em lugar de impor inutilmente concessões às autoridades, o movimento contra o governo pode emboscar policiais e fazer dezenas deles de refém[96] a fim de elevar a pressão e aumentar as chances de garantir suas reivindicações políticas.

Em suma, há um número praticamente infinito de formas pelas quais os praticantes da guerra não convencional podem proceder de maneira indireta para chegar a seus objetivos. O que é imprescindível lembrar é que a guerra não convencional é uma guerra *indireta*. Elas são uma só e não podem ser separadas uma da outra. Embora a guerra não convencional por vezes incorpore, de fato, métodos convencionais, ela é antes de tudo não convencional em sua essência. Ela é não linear, dinâmica e caótica, introduzindo uma mescla de táticas em constante transformação que são desenvolvidas para desequilibrar as autoridades. Como mencionado no capítulo 1, essa abordagem abala o ciclo OODA do alvo e, assim, ou resulta em respostas apressadas e sem planejamento nenhum ou atrasa criticamente as respostas adequadas a tal ponto que elas perdem sua capacidade de produzir efeito quando finalmente dadas.

A abordagem indireta (guerra não convencional) é, portanto, um instrumento com vistas a neutralizar o ciclo OODA e imobilizar o adversário, deixando-o vulnerável a uma variedade de ataques que, em outros contextos, não poderiam ser colocados em prática.

Guerra em rede e enxames

A guerra não convencional também tira proveito dos fenômenos da guerra em rede e da formação de enxames. Quanto à primeira, ela usa o alcance das redes sociais a seu favor para recrutar combatentes e espalhar sua mensagem. Isso pode assumir a forma do ISIS* usando o Twitter para conquistar novos adeptos e expor suas façanhas[97] ou da Pravy Sektor encorajando terroristas da Chechênia a unir forças com ela e praticar ataques dentro da Rússia.[98] O ISIS é tão eficiente no uso das mídias sociais que, por exemplo, o comandante da inteligência holandesa declarou que ele criou um "enxame de terror" impulsionado pela "comunicação horizontal" entre seus membros.[99]

---

* Estado Islâmico do Iraque e do Levante, conhecido pela sigla em inglês ISIS ou pelo acrônimo árabe *Da'ish* ou *Daesh*, ou ainda simplesmente Estado Islâmico, é uma organização que pretendia estabelecer um califado na região sunita do Iraque. A partir do seu envolvimento na guerra da Síria, proclamou um califado, afirmando autoridade religiosa sobre todos os muçulmanos do mundo (não reconhecida) e expandiu sua atuação para a região do Levante (Jordânia, Israel, Palestina, Líbano, Chipre e sul da Turquia). É considerado uma organização terrorista e reivindica a autoria de inúmeros atentados especialmente na Europa e contra outros grupos muçulmanos. Entrou em decadência a partir de 2016, diante de constantes derrotas no território sírio. Desde o final de 2017, a Síria considera que o ISIS não está mais presente como organização no país. (N.E.)

Os grupos de guerra não convencional também podem selecionar seus membros nas redes estabelecidas durante o movimento da revolução colorida. Indivíduos com medo de que a revolução colorida não atinja seus objetivos podem ser tentados ou convencidos a unir-se a combatentes armados contra o governo, o que demonstra como há um *continuum* direto entre os indivíduos ativos na revolução colorida e aqueles que lutam na guerra não convencional. Essa transição da revolução colorida para a guerra não convencional é um dos principais temas da guerra híbrida e deve ser mantido em mente pelo leitor ao longo de todo este livro.

Quanto à formação de enxames, essa é uma das táticas centrais praticadas pelos grupos de guerra não convencional. O Coronel Alan Campen discorre sobre o assunto em seu artigo de 2001 "Swarming Attacks Challenge Western Way of War" ["Ataques por enxames desafiam o jeito ocidental de fazer guerra"].[100] Ele descreve os enxames claramente da seguinte forma:

> Investidas por enxame são caracterizadas por ataques pulsantes vindos de todos os lados geralmente lançados por um oponente inferior porém evasivo. Elas são bem-sucedidas por causa de elementos táticos tais como objetivos limitados, armamento e comunicações adequados, táticas sob medida para o terreno e consciência situacional superior. Isso permite a derrota nos detalhes de forças que jamais poderiam ser superadas pelas massas ou por manobras militares. A sinergia desses elementos é tida por alguns analistas como um fator consistente na aplicação tanto tática como estratégica dos enxames – no passado, no presente e também em nosso futuro pós-Guerra Fria. Nenhum desses elementos exige necessariamente tecnologia de ponta. Todos eles podem ser combinados em uma tática particularmente eficiente para confrontar um exército com aparato moderno em um conflito de baixa intensidade e guerra não convencional.

Ele também faz menção ao general-de-divisão Robert Scales Jr., para quem o enxame é uma forma para que "inimigos adaptativos cheguem à vitória na medida em que evitam a derrota". Essa é justamente a essência da aplicação do modelo de enxame nas guerras não convencionais. O objetivo tático consiste em improvisar ataques de forma indireta e imprevisível, tirando proveito da iniciativa estratégica e confundindo o inimigo. A alternância entre enxame e dispersão ("pulsação") é capaz de manter a ofensiva em andamento por mais tempo do que se fosse praticada de frente, e, ao mesmo tempo, a alternância de alvos nos cinco anéis pode adicionalmente lançar o comando inimigo ao caos. A guerra não convencional não tem êxito à maneira das forças militares tradicionais (isto é, pela destruição das unidades inimigas); ela tem êxito abalando o inimigo e mantendo-o em contínuo desequilíbrio até que a oportunidade certa para um ataque decisivo se apresente. Desde que os membros da guerra não convencional consigam evitar continuamente a derrota, parafraseando Scales, é possível chegar em última análise à vitória, daí por que a guerra não convencional pode ser um processo longo e demorado que dura muito mais anos do que os conflitos convencionais.

Teoria do caos

A guerra não convencional, assim como as revoluções coloridas, pode sintetizada na armatização da teoria do caos. A guerra não convencional ataca os instrumentos físicos do Estado durante sua campanha e faz isso indiretamente e por meio de uma abordagem não linear, como já discutimos. O caos cresce em relação à revolução colorida em virtude da presença de grupos armados dedicados a derrubar o Estado. Isso acentua o fator medo que permeia a sociedade e contribui com mais incerteza para todos os lados, com o objetivo final de sobrepujar o ciclo OODA e imobilizar o inimigo.

Se a sociedade e o Estado fossem uma tartaruga fortificada, a guerra não convencional e a teoria do caos virariam essa tartaruga de cabeça para baixo, efetivamente imobilizando-a e expondo seu ventre vulnerável a ataques devastadores que não seriam possíveis em outros contextos. Uma vez de cabeça para baixo, a tartaruga é rapidamente exterminada. O mesmo é verdade para a sociedade e o Estado – se a guerra não convencional conseguir jogá-los em um turbilhão caótico que "vire-os de cabeça para baixo", o golpe poderá avançar à velocidade da luz e muito provavelmente terá sucesso. Esse foi o caso na guerra não convencional durante o golpe do EuroMaidan. A violência dirigida por atores desvinculados do Estado (guerra não convencional de baixa escala) chegou a tal ponto que descarrilou o governo de Yanukóvytch e permitiu falhas estratégicas que culminaram no golpe de 21 de fevereiro[*] após o acordo de resolução assinado às pressas.

O manual de campo da guerra não convencional

Assim como as revoluções coloridas têm seu próprio manual de campo nas publicações de Gene Sharp, a guerra não convencional também tem o seu no sigiloso documento de treino *Special Forces Unconventional Warfare* [*Forças especiais da guerra não convencional*] do Exército dos EUA.[101] O documento, também conhecido como TC 18-01, foi vazado por um informante e acabou publicado na página da *NSNBC International* no início de 2012. A agência de notícias mencionou que o TC 18-01 permitiu "o desenvolvimento sistemático passo a passo da insurreição e tentativa de subversão do governo sírio"[102] graças a suas instruções detalhadas acerca de como instigar e organizar um levante armado.

Além de dar conselhos táticos para a prática de uma guerra não convencional, o documento também inclui uma visão geral da atitude oficial dos EUA acerca dessa estratégia. Ele afirma que há duas formas de guerra não convencional: uma em que os EUA esperam a hora certa para intervir oficialmente ("cenário

---

[*] Os protestos chamados de EuroMaidan iniciaram-se em novembro de 2013 e estenderam-se para os meses seguintes. Em fevereiro, o conflito armado foi intensificado. Apesar de uma trégua e negociações, entre governo e oposição, entre os dias 18 e 20 de fevereiro, os protestos armados prosseguiram e o presidente Viktor Yanukóvytch fugiu do país. Imediatamente, o Parlamento votou seu *impeachment* e instaurou um governo pró-União Europeia (e de oposição a Rússia) no dia 21. (N.E.)

de guerra geral") e outra em que isso é improvável ("cenário de guerra limitada"). A primeira pode ser aplicada à crise na Síria, em especial antes do incidente com armas químicas em agosto de 2013 e dos terremotos diplomáticos subsequentes, ao passo que a segunda muito provavelmente foi o cenário na Ucrânia. Os cenários de guerra geral são conduzidos com vistas a preparar o campo de batalha para uma intervenção convencional dos EUA ou divergir as forças inimigas, ao passo que o cenário de guerra limitada sabe das restrições institucionais e busca tão somente pressionar um adversário em vários níveis (até a troca de regime).

Por exemplo, o manual lista os palcos de guerra na Europa e no pacífico da Segunda Guerra Mundial e o Iraque de 2002 a 2003 como exemplos de cenários de guerra geral envolvendo uma guerra não convencional predecessora, ao passo que o Tibete de 1955 a 1965 e o Afeganistão nos anos 1980 são ocorrências de guerra não convencional com envolvimento limitado dos EUA. É essa categoria que será explorada mais a fundo nos próximos parágrafos, uma vez que segue a teoria originalmente postulada na Introdução – "quanto mais as operações de desestabilização perpetradas pelos EUA se aproximam dos núcleos alvo (Rússia, Irã e China), menor o risco de guerra direta e maiores as chances de que meios indiretos (revoluções coloridas e guerra não convencional) sejam aplicados". Adaptando essa proposição às informações recém-abordadas do TC 18-01, conclui-se que as operações para troca de regime na esfera de influência da Rússia (por exemplo, Ucrânia) são conduzidas através do "cenário de guerra limitada" da guerra não convencional, que exclui a intervenção com forças convencionais dos EUA.

Preparo para a guerra não convencional

Ao se prepararem para uma guerra não convencional em um Estado-alvo, os EUA normalmente fazem um estudo de viabilidade para averiguar as chances de sucesso da operação. Eles podem fazer isso se encontrando com representantes contra o governo, que viajam aos EUA ou a um país terceiro, ou enviando diretamente um especialista militar a campo. Uma vez tomada a decisão de implantar uma guerra não convencional, os EUA "prestam suporte através de um parceiro de coalizão ou de um país terceiro" quando "o apoio manifesto dos EUA ao movimento de resistência é [...] indesejado" (a estratégia de liderança velada).

Combinando as lições discutidas no capítulo anterior sobre revoluções coloridas com guerra não convencional, o manual menciona que "atividades de informação que aumentam a insatisfação com o regime ou governante hostil e que retratam a resistência como uma alternativa viável [são] ingredientes importantes ao esforço de resistência" e registra que "essas atividades podem aumentar o apoio à resistência através de mensagens apelativas que geram simpatia entre as populações". Além disso, o TC 18-01 aborda como operações de apoio à informação militar (MISO) podem fazer o seguinte:

– determinar fatores psicológicos-chave no ambiente operacional;
– identificar ações com efeitos psicológicos que sejam capazes de causar, mudar ou reforçar comportamentos desejados em grupos ou indivíduos alvo identificados;
– moldar as percepções da população para apoiar os objetivos da guerra não convencional;
– contra-atacar informações "falsas" ou "difamadoras" do inimigo que possam minar a missão de guerra não convencional.

Como se vê, pesquisas psicológicas e sociológicas avançadas ajudam as campanhas de guerra não convencional a elaborar planos sob medida e prosperar, tal como fazem nas revoluções coloridas, e a arte intangível da administração das percepções exerce papel fundamental nisso.

O sucesso da guerra não convencional é determinado por sete variáveis chave: liderança; ideologia; objetivos; ambiente e geografia (inclusive sociais); apoio externo; divisão em fases e *timing*; e padrões organizacionais e operacionais. Todos esses fatores podem ser modificados, salvo o ambiente e a geografia. É importante que tudo esteja em ordem antes do início da guerra não convencional porque, como declara Steven Mann ao falar sobre a teoria do caos e o pensamento estratégico, "esses sistemas 'caóticos' (isto é, revoluções coloridas e guerra não convencional) demonstram sensível dependência das condições iniciais; uma leve mudança em qualquer um dos estímulos iniciais leva a resultados desproporcionalmente diferentes". Se o *timing* da revolução colorida (e, por extensão, da guerra não convencional subsequente) não for acertado, todo o empreendimento pode se provar um fracasso, tal como as tentativas de operação para troca de regime na Bielorrússia e no Uzbequistão acabaram se mostrando. Isso mostra a necessidade de investigar mais a fundo o a divisão em fases e o *timing* da guerra não convencional.

Travando a guerra não convencional

A divisão em fase e o *timing* da guerra não convencional podem ser divididos em três estágios: a fase latente ou incipiente; a guerra de guerrilha; e a guerra de movimento. O primeiro estágio é importantíssimo e tem relação direta com o parágrafo acima acerca de fabricar as condições iniciais ideais. O leitor também já deve estar apto a identificar os pontos em comum entre as operações psicológicas das revoluções coloridas e da guerra não convencional delineadas no documento:

> Durante essa fase (incipiente), a liderança da resistência desenvolve a infraestrutura de apoio clandestino com a qual todos os esforços futuros contarão. A organização da resistência usa uma variedade de técnicas subversivas para preparar a população psicologicamente a resistir. Algumas técnicas incluem propaganda, manifestações, boicotes e sabotagem. As atividades subversivas frequentemente ocorrem em um padrão organizado sem nenhum grande surto de violência armada [...] o objetivo é preparar ou convencer a popula-

ção a ver operações militares manifestas (guerra de guerrilha) como admissíveis. O objetivo é conquistar o apoio da população local e enfraquecer o poder do governo existente. Embora o objetivo operacional seja ganhar apoio popular, o objetivo tático consiste em convencer a população local a evitar cooperação com as forças do governo.

Essa fase incipiente também trata das resistências manifesta e clandestina. A primeira compreende os combatentes que travarão diretamente guerra contra o governo, ao passo que a segunda é composta por indivíduos e grupos que secretamente exercem atos políticos, disseminam propaganda, espionam, praticam sabotagem, traficam contrabando e reúnem inteligência para ajudar o movimento contra o governo. Essas entidades podem ser cultivadas proativamente durante o estágio de organização inicial da revolução colorida.

O próximo estágio, guerra de guerrilha, requer um acontecimento externo para ajudar a colocá-lo em movimento e incitá-lo dentro da população com o *momentum* necessário. Afirma-se, na verdade, que, para que a guerra não convencional inicie com êxito e recrute o máximo de pessoas possível, *"deve haver uma fagulha que desencadeie uma insurreição,* tal como um acontecimento catalisador que desperte o apoio popular contra o poder do governo e uma liderança rebelde dinâmica que seja capaz de tirar proveito da situação"* (grifo do autor). Essa "fagulha", como é tão habilmente chamada, é identificada pela teoria da guerra híbrida como uma revolução colorida e, junto com as redes que constrói antes de seu início, cristaliza segmentos estratégicos da população contra as autoridades e aumenta as forças atuando para a troca de regime.

Uma vez desencadeada a insurreição (seja pelo fracasso da revolução colorida, pela incitação das autoridades a se defender com uso da força etc.), a transição para a guerra de guerrilha tem início. Isso pode ocorrer em áreas urbanas ou rurais. A Ucrânia só presenciou uma guerra de guerrilha urbana de pequena escala durante o EuroMaidan, mas a Síria está atualmente sofrendo combates de guerrilha tanto urbanos como rurais intensos. Como prescreve o manual, "o objetivo dessa fase consiste em degradar o aparato de segurança do governo (os elementos militares e policiais do poder nacional) a tal ponto que o governo fique suscetível à derrota". Isso pode ocorrer por aumento da sabotagem, ataques estratégicos contra as forças e infraestrutura do governo, disseminação estratégica das comunicações direcionadas à população como um todo (isto é, expansão da infraestrutura de informação criada para a revolução colorida) e proliferação do aparelho de inteligência do movimento contra o governo. A ideia é preparar o palco para a terceira e última fase: a guerra de movimento.

Esse estágio representa o auge da guerra não convencional e não foi observado na Ucrânia. Será demonstrado mais adiante, contudo, que os revolucionários do EuroMaidan estavam fazendo os preparativos para esse estágio, mas, como a "tartaruga virou de cabeça para baixo" no dia 21 de fevereiro, foi possível concretizar o golpe sem ter de recorrer a esse método. De qualquer forma, o TC 18-01 descreve o objetivo da guerra de movimento como "[para provocar] o colapso do governo existente (por ações militares ou internas)... a insurreição não precisa necessariamente se transformar em uma força militar convencional, mas deve se encarregar de derrotar o governo e ocupar o poder. Por exemplo, a insurreição pode degradar os recursos do inimigo a tal ponto que um levante urbano contra o palácio presidencial derrube o governo. Essa tática só terá sucesso se a insurreição primeiramente remover com eficiência as Forças Armadas".

Ela é chamada de "guerra de movimento" porque os insurgentes contra o governo estão se mobilizando contra o governo para "libertar" o povo e o território que deve ser então administrado. Os combatentes estão "a caminho", por assim dizer, estão trabalhando ativamente para derrubar o governo. A essa altura, eles podem até mesmo combinar métodos convencionais e armas confiscadas a seu repertório na tentativa de levar a revolução a um desfecho. Se repelida, contudo, a guerra de movimento volta à fase da guerra de guerrilha até recuperar seu vigor físico e poder lançar a contraofensiva necessária para retornar o conflito ao auge.

A guerra não convencional na Ucrânia

Hoje, as características da guerra não convencional na Síria já são de conhecimento público dos observadores das relações internacionais e dos acontecimentos atuais, não sendo necessário, portanto, repetir os fatos. O que não é notório ainda, contudo, é a guerra não convencional que estava sendo preparada e foi parcialmente implementada na Ucrânia. Ao contrário do que a opinião pública acredita, a Ucrânia não viveu apenas uma revolução colorida, mas também elementos de guerra não convencional durante a desestabilização provocada pelo EuroMaidan. Como a guerra não convencional já foi descrita ao longo deste capítulo, o leitor agora já possui um entendimento recém-adquirido e relevante sobre o tópico para ser guiado através de acontecimentos-chave não divulgados do EuroMaidan que claramente ilustram a guerra não convencional em seus estágios preparatórios primordiais.

À diferença das revoluções coloridas anteriores, a da Ucrânia foi violenta praticamente desde o início, o que demonstra a influência tática das revoluções coloridas da Primavera Árabe nos acontecimentos do país. A primeira coisa a lembrar são as táticas terroristas da Pravy Sektor e de outros insurgentes urbanos armados durante os levantes do EuroMaidan, quando começaram a jogar coquetéis Molotov contra a polícia no dia 1º de dezembro,[103] dez dias após o início dos protestos originais. Essa prática rapidamente virou norma, uma vez que os grupos armados usaram seus acampamentos temporários em Maidan como sede para lançar saraivadas contínuas contra as autoridades durante toda a desestabilização. No fim das contas, praticamente todos os participantes em Maidan tornaram-se insurgentes armados contra o governo. O fotógrafo Tom Jamieson, que se aventurou em meio ao motim para documentar visualmente as armas caseiras empunhadas pelos "manifestantes", declarou que "absolutamente todo mundo, sem tirar nem pôr, tinha um bastão ou um taco ou o que quer que fosse... era loucura".[104] Assim, pode-se perceber que uma vanguarda de revolucionários violentos dispostos a lutar ativamente contra o governo, uma das pré-condições necessárias à guerra não convencional, fora estabelecida no centro da capital.

Ainda assim, essa evolução, bem como a crescente militância do movimento do EuroMaidan, foi observada e transmitida por alguns elementos da mídia de notícias.[105] O que não recebeu muita atenção, contudo, foi o ataque ao edifício administrativo Lvov por manifestantes armados e a renúncia forçada do governante da região no final de janeiro de 2013.[106] Alguns dias depois, a ABC News divulgou casualmente que "todos os gabinetes do governo local na Ucrânia ocidental, largamente pró-oposição – salvo a região da Transcarpathia – [foram] ocupados".[107]

A situação continuou tensa porém estática até os dias que antecederam o golpe de 21 de fevereiro. Em uma sequência extremamente rápida de eventos, o governo de Lviv Oblast declarou independência no dia 19 de fevereiro[108] junto com a tomada de uma fronteira com a Polônia, Estado da OTAN.[109] Naquele mesmo dia, a Reuters noticiou que alguns dos policiais tiveram seus coletes à prova de balas roubados e que viaturas foram incendiadas, fogo foi ateado à principal delegacia de polícia em Ternopil Oblast, e uma sede do serviço de segurança do Estado foi atacada em Khmelnitsky Oblast, no que a organização de notícias chamou de uma "revolta".[110] A tomada e neutralização efetiva do comando da região ocidental do Ministério do Interior por "manifestantes" violentos alguns dias antes[111] provavelmente impediu o Estado de deter a onda de violência que engoliu a região naquele dia.

É da mais extrema relevância que a declaração de independência e a revolta contra o governo tenham acontecido na região ocidental de Lvov. Antes conhecida como Galicia, esse é o berço do nacionalismo ucraniano e faz fronteira justamente com a Polônia, Estado da OTAN. Foi mencionado antes que "um parceiro de coalizão ou um país terceiro" pode repassar auxílio aos rebeldes durante uma guerra não convencional, e, com a Polônia cumprindo esse simples papel, é bem possível que o plano fosse que ela se tornasse a "Turquia Eslava" na desestabilização da OTAN à Ucrânia à mesma maneira que a Turquia fez na Síria.[112] A proclamação de independência por Lvov, a tomada do controle da fronteira, o ataque a "unidades do exército e galpões de armas" pelos insurgentes,[113] e a eliminação *de facto* do controle central sobre a região ocidental, todos apontam clara e inequivocamente para o início de uma campanha de guerra não convencional.

Na verdade, a situação se tornara tão terrível à época que a *Newsweek Magazine* publicou um artigo no dia 20 de fevereiro chamado *Ukraine: Heading for Civil War* [*Ucrânia: rumo à guerra civil*].[114] Ele constata que "o que está claro é que grande parte do país se tornou ingovernável. Até mesmo a capital permanece nas mãos dos rebeldes". Interessantemente, esse é o primeiro grande exemplo de uma agência de notícias ocidental referindo-se aos insurgentes como "rebeldes", reforçando a hipótese de que um cenário de guerra não convencional estava desabrochando na Ucrânia. Todavia, esse cenário foi evitado após o suspeito e letal tiroteio de franco-atiradores, que começou alguns dias antes (e que o ministro das Relações Exteriores da Estônia acredita forte-mente ter sido ordenado pelos próprios líderes do EuroMaidan[115]), dilacerar o ciclo OODA e a determinação do governo para então conduzir rapidamente aos eventos do golpe de 21 de fevereiro. Não fosse isso, contudo, é bem provável que uma guerra não convencional estivesse à beira de ser implementada oficialmente na Ucrânia à maneira da Síria para forçar à troca de regime no país e desestabilizar ainda mais o vulnerável flanco ocidental da Rússia.

Conclusão do capítulo

Conclui-se que a guerra não convencional compõe o segundo e último pilar na teoria da guerra híbrida. Ela evolui organicamente de uma revolução colorida, que a precede, e desenvolve-se sobre as bases da rede de indivíduos interconectados estabelecida nesta. Assim como as revoluções coloridas, a guerra não convencional segue certos padrões das teorias militares e estratégicas em seus esforços para cumprir o objetivo derradeiro de provocar a troca de um regime. O documento vazado TC 18-01 comprova a dependência da guerra não convencional em relação às redes sociais e de informação para que seja bem-sucedida. Ele também faz a descrição mais abalizada e detalhada de que se tem notícia até hoje sobre como a guerra não convencional é planejada e administrada. Depois de ler atentamente o documento e pesquisar as notícias sem nenhum destaque de antes da derrubada de Yanukóvytch, pode-se observar claros indícios de guerra não convencional no recente golpe do EuroMaidan na Ucrânia. Isso reforça a evidência anterior discutida e comprova o argumento de que a guerra não convencional é o segundo estágio, mais letal, com vistas à troca de regime que tem início com uma revolução colorida. Além disso, tanto a Síria como a Ucrânia sofreram a mesmíssima abordagem padronizada, o que nos mostra que ela pode ser exportada para diferentes palcos de guerra no mundo. O capítulo 4, portanto, atará as pontas soltas que restaram entre os dois componentes e fechará nosso trabalho de fazer a ligação entre as revoluções coloridas e guerras não convencionais no contexto de uma teoria unificada da guerra híbrida.

4 – A ponte

Introdução

Este capítulo pode ser visto como a "cola" que une toda a teoria da guerra híbrida. Ele faz a ligação entre tudo que já aprendemos sobre as revoluções coloridas e a guerra não convencional de modo a preencher quaisquer lacunas que tenham restado entre as duas e comprovar que existe uma transição fluida no pensamento estratégico na passagem de uma para a outra. Será demonstrado que existe uma abordagem intencional padronizada, um "método por trás do furor", se assim podemos chamá-lo, que, quando embalado em um pacote unificado torna-se a guerra híbrida. Para chegar a essa conclusão, uma análise comparativa, portanto, prevalecerá ao longo do capítulo.

Relação geopolítica

Ambos os pilares da guerra híbrida têm relação direta com a geopolítica. O capítulo 1 introduziu a ideia dos Bálcãs Eusasiáticos de Brzezinski, que basicamente equivale à implementação da teoria do caos nas relações internacionais. O objetivo é provocar a fragmentação estratégica *de facto* e *de jure* de um Estado a fim de desestabilizar as grandes potências eurasiáticas (Rússia, China e Irã) e prolongar a supremacia estadunidense no supercontinente. O Estado-alvo é fragmentado e neutralizado, com táticas físicas e sociais de "terra arrasada" empregadas para mantê-lo em estado de colapso ou semicolapso por muito tempo após a conclusão da campanha de desestabilização. O resultado é um buraco negro geopolítico, cuja intenção é que o campo de atração gravitacional regido pelo caos engula os Estados vizinhos (os verdadeiros alvos, apesar de indiretos, da campanha de desestabilização).

Envolvam-se eles política ou fisicamente, o efeito é o mesmo – agora urge ao Estado afetado indiretamente lidar de um jeito ou de outro com a ameaça assimétrica de um Estado pseudo-fracassado em sua fronteira, e os custos de oportunidades para tanto privam-no da iniciativa estratégica em outros domínios geopolíticos. Na verdade, no melhor dos cenários para os estrategistas estadunidenses, o buraco negro não é autocontido, mas, na verdade, expande-se ao Estado vizinho (o verdadeiro alvo, como já discutido), desestabilizando-o assim indiretamente em favor dos EUA e desencadeando o caos desenfreado (em sua forma mais forte e mais "natural" que existe) que ameaça destruir e tirar a grande potência alvo do jogo geopolítico.

A maneira mais eficiente de efetivar a grande estratégia dos bálcãs eurasiáticos é através da abordagem indireta das revoluções coloridas e da guerra não convencional. Como mencionado na "Introdução", a guinada rumo à multipolaridade colocou certas restrições na capacidade de os EUA intervirem diretamente na Eurásia a seu bel-prazer, aumentando assim a atratividade e a necessidade por métodos indiretos. Basta lembrar a teoria introduzida para vislumbrar o padrão: "quanto mais as operações de desestabilização perpetradas pelos EUA se aproximam dos núcleos alvo (Rússia, Irã e China), menor o risco de guerra direta e maiores as chances de que meios indiretos (revoluções coloridas e guerra não convencional) sejam aplicados". Logo, ao levar em conta a natureza caótica no código de DNA das revoluções coloridas e da guerra não convencional, estas mostram-se as ferramentas indiretas ideais para construir os bálcãs eurasiáticos. Nenhuma outra estratégia pode produzir tamanho grau de caos construtivo/criativo/administrado senão essas duas.

Os manuais de campo

As revoluções coloridas e a guerra não convencional têm seus próprios manuais de campo, escritos por Gene Sharp e pelo Exército dos EUA, respectivamente. Esses textos consagrados proporcionam aos praticantes de cada método a orientação tática e estratégica necessária para cumprir com êxito seus objetivos grandiloquentes. Gene Sharp foca na mentalidade geral do movimento das revoluções coloridas e de seus apoiadores, bem como dá conselhos sobre como incentivar indivíduos em cima do muro a se rebelar contra o governo. A ideia principal consiste em montar uma rede de ativistas e apoiadores passivos que permitirá ao movimento ser bem-sucedido uma vez que comece a empenhar-se oficialmente na tentativa de golpe. Reunidos esses indivíduos, Sharp então recomenda 198 métodos de resistência não violenta que eles podem colocar em prática. Esses são elaborados com vários objetivos em mente, sejam eles confundir as autoridades, manchar sua legitimidade das mesmas, impor adversidades econômicas a elas, gerar uma cobertura midiática internacional favorável, e assim por diante.

O TC 18-01, o manual do Exército para a guerra não convencional, também fala sobre a necessidade de estabelecer redes sociais de apoio, mas obviamente enfatiza o preparo para operações militares e violentas contra o Estado. Não obstante, a espinha dorsal social da guerra não convencional ainda é identificada como imprescindível ao sucesso, e a guerra híbrida levanta a hipótese de que, se a população puder primeiramente tornar-se consciente e defensora das publicações de Sharp enquanto se prepara para a revolução colorida, as chances de uma guerra não convencional gerar o apoio popular necessário para suas operações futuras aumenta vertiginosamente. Seguindo essa lógica, as obras de Gene Sharp podem realmente ser vistas de modo a construir a base psicológica para a eventual introdução da guerra não convencional em situações em que a revolução colorida não tiver êxito. Afinal de contas, o TC 18-01 enfatiza que, primeiramente, deve-se fazer um estudo de viabilidade antes do início da guerra não convencional, e, se a população já tiver sido doutrinada em larga escala contra o governo e estiver pronta para sacrificar e assumir as privações associadas à insurreição armada contra o Estado, o planejamento operacional pode seguir adiante.

Portanto, as publicações de Gene Sharp podem ser vistas como a "Parte I" do manual de campo da guerra híbrida, sendo o TC 18-01 e outras literaturas sobre a guerra não convencional a "Parte II". Espera-se que este livro possa servir como a "Parte III", no sentido em que preenche a lacuna entre os dois pilares e unifica suas estratégicas em uma teoria de guerra integrada e exequível.

Estratégias compartilhadas

As revoluções coloridas e as guerras não convencionais compartilham das mesmas estratégias e são diferentes lados da mesma moeda para a troca de regime. Ambos os métodos visam derrubar governos desfavoráveis ou não submissos aos EUA e seus objetivos de política internacional, sendo a revolução colorida o golpe brando e a guerra não convencional o golpe rígido. Como discutido acima, outro objetivo consiste em gerar caos construtivo para acompanhar o avanço dos EUA mais fundo na Eurásia. O objetivo final consiste em cercar e neutralizar as grandes potências eurasiáticas com um laço de governos pró-EUA e buracos negros.

Tanto as revoluções coloridas como a guerra não convencional cumprem esse papel com o uso de atores por procuração. As revoluções coloridas fazem uso de procuradores políticos e sociais para abalar o tecido social do Estado-alvo, ao passo que as guerras não convencionais usam procuradores armados para cortar fisicamente a conexão entre todos os elementos da sociedade. A transição da revolução colorida para a guerra não convencional também é uma transição da guerra intangível para a guerra tangível. Ambos os estágios fazem uso de redes virtuais e físicas difundidas (liderança velada) e contam em peso com operações psicológicas e técnicas de administração das percepções.

No que tange à estratégia militar, os dois pilares da guerra híbrida mantêm-se fiéis aos mesmos conceitos. Ambos são manifestações da guerra de quarta geração no sentido em que são não lineares, indiretos e dinâmicos. Cada um mira seus respectivos cinco anéis em busca de seus objetivos. A abordagem indireta é decisiva para ambos os modelos e contribui para a ruptura do ciclo OODA, e ambos utilizam suas próprias versões de enxame. Por fim, tudo isso equivale a dizer que eles são exemplos da teoria do caos armatizada, sendo as guerras não convencionais uma forma mais violenta, intensa e universal das revoluções coloridas.

Comparação paralela

Antes de concluir este breve capítulo, vale fazer traçar um paralelo de algumas das principais características das revoluções coloridas e da guerra não convencional. Isso mostrará como a guerra não convencional nasce e desenvolve-se de maneira fluida de uma revolução colorida:

Revoluções Coloridas	Guerra Não Convencional
violência limitada	violência generalizada
urbana	urbana e rural
social	em sua maior parte física, um pouco social
caos contra as autoridades	caos contra tudo
mais barata	mais cara
redes sociais	redes físicas (construídas com base nas redes sociais previamente estabelecidas na revolução colorida)
divide os elos sociais da sociedade	divide todos os elos na sociedade

Archibald cruza o Rubicão[*]

A prova mais decisiva que une inequivocamente as revoluções coloridas e a guerra não convencional na grande estratégia dos

---

[*] Referência ao episódio em que o então general romano Caio Júlio César atravessa o pequeno Rio Rubicão, que separava a Gália Cisalpina da Itália. O Senado romano proibia que qualquer general e seu exército atravessasse esta fronteira, e entrasse em Roma, sem autorização. Ao fazê-lo Júlio César na prática declarara guerra ao Senado e iniciava sua ascensão ao poder, derrotando Pompeu e tornando-se ditador vitalício. A expressão "atravessar o Rubicão" significa tomar uma decisão de envergadura histórica da qual não há retorno. (N.E.)

EUA é a nomeação em 2013 de Frank Archibald para liderar o NCS. Foi mencionado no capítulo 2 que Archibald trabalhou como "homem das armas" na Bósnia e geriu a primeira revolução colorida bem-sucedida, na Sérvia. Isso significa que sua carreira foi carregada da mais vasta experiência prática na realização de guerras não convencionais e revoluções coloridas. Só a presença desse indivíduo no comando das operações especiais da CIA deveria ser suficiente para soar o sinal de alerta na comunidade de inteligência internacional. Com sua nomeação, os EUA estão sinalizando que cruzaram o Rubicão e não existe a hipótese de voltar atrás de sua política da guerra híbrida. Archibald tem o arsenal de habilidades necessário para atar as revoluções coloridas e as guerra não convencional em uma abordagem unificada e padronizada. Decerto, isso já foi visto na Síria no início de 2011 e, mais recentemente, na Ucrânia no final de 2013, mas, com Archibald tendo liderado o NCS por quinze meses ininterruptos, acredita-se que essa estratégia tenha sido aperfeiçoada, padronizada e embalada para exportação em palcos de guerra futuros em todo o mundo.

Conclusão

Previsão limitada

É difícil prever a direção exata que a guerra híbrida tomará no futuro uma vez que é um fenômeno tão recente e ainda em construção. Ainda assim é possível fazer algumas previsões vagas sobre sua implementação no mundo.

Em sua atual posição, os EUA são o único país travando a guerra híbrida hoje. A Rússia só foi reconhecer tangencialmente esse novo fenômeno em maio de 2014 na Conferência de Moscou sobre Segurança Internacional. Ela ainda não compreendeu o que está testemunhando em sua plenitude e, a duras penas, esforça-se por extrair o significado disso tudo. Os chineses e iranianos ainda não responderam oficialmente às descobertas da Conferência, mas, assim como a Rússia, os dois são inevitavelmente afetados por elas. Pode, portanto, levar pelos menos meia década até que algum outro país compreenda em sua plenitude a guerra híbrida ao ponto de conseguir se defender contra ela, quem sabe até ele próprio praticá-la.

A guerra híbrida tem um formato tal que, em sua essência, é contraproducente para qualquer uma das potências eurasiáticas testá-la em sua região. Isso porque a criação de buracos negros de instabilidade e caos perto de suas fronteiras, não importa a intensidade, inadvertidamente acabaria por satisfazer os grandes objetivos estratégicos dos EUA. Em vez disso, pode ser que, se uma potência eurasiática tentasse acumular o poder brando e os recursos de rede social necessários para penetrar nas sociedades do hemisfério ocidental, da Europa ou da África (o que, provavelmente, levará anos para conseguir em qualquer um dos casos), ela poderia teoricamente testar com segurança a guerra híbrida sem medo de que o tiro saísse pela culatra. Não obstante, ainda não sabemos se essas precondições intangíveis necessárias podem ser criadas fora do espaço civilizacional de cada potência eurasiática, diminuindo assim fortemente a probabilidade de que elas pratiquem a guerra híbrida dentro de uma ou duas décadas, isso se um dia vierem a praticá-la.

Recomendações gerais

Acredita-se que os EUA exercerão o monopólio total em se tratando de guerra híbrida ao menos pela próxima década, senão na perpetuidade, graças às circunstâncias internacionais próprias em que elas são travadas. Logo, é imprescindível às potências da eurásia que elaborem estratégias defensivas apropriadas para impedir que a guerra híbrida sequer comece, e, se ela começar, para reduzir o impacto e evitar que os enxames caóticos imponham danos paralisantes e derrubem um Estado. Assim como em qualquer estratégia de defesa, é impossível se proteger por inteiro das iniciativas inovadoras lançadas pelo lado agressor, mas tendo em vista a segurança, é necessário ao menos fazer um *brainstorm* de alguns métodos que poderiam ser usados, mesmo que ainda imperfeitos ou ainda não desenvolvidos em toda a sua potencialidade.

A maior defesa contra a guerra híbrida é o estabelecimento de salvaguardas civilizacionais. Isso significa que se os cidadãos se sentirem em larga escala parte de "algo maior" e virem em seu governo respeito a esse conceito supranacional mais elevado, eles serão menos propenso a tomar parte em atividades subversivas contra ele. Na verdade, a forte promoção de ideais patriotas (no sentido nacional ou civilizacional) pelo Estado e por suas ONGs afiliadas pode levar à eventual criação de uma mente de colmeia em favor do governo que participaria de contraenxames contra quaisquer insurgentes anti-*Establishment*. É importante que essa ideologia, se assim podemos chamá-la, seja inclusiva e reúna as mais variadas demografias sociais, étnicas, religiosas e econômicas que residem no Estado, à mesma maneira que ideias subversivas de "democracia liberal" são capazes de unir a miríade de grupos de um Estado-alvo (ainda que apenas temporariamente) no objetivo comum de derrubar seu governo "antidemocrático".

Como precaução extra, recomenda-se estabelecer redes de Internet nacionais. Isso não deve ser confundido com censura, uma vez que procura meramente garantir que o Estado seja capaz de monitorar a Internet e identificar a origem de certas informações que entram no país. Decerto, isso é extremamente ambicioso e muito difícil de implementar e, em alguns casos (por exemplo, na China), pode assumir a forma de censura de fato e listas negras. No caso da Rússia, e no que tange a seus objetivos de poder brando no mundo, não recomenda-se a tomada dessas medidas. Em vez disso, deve haver um forte esforço do Estado por incentivar a "nacionalização" das mídias sociais e da Internet por seus cidadãos. A promoção do "Runet" apoiaria a identidade civilizacional do país e, até certo ponto, diminuiria a influência direta das campanhas de informação subversivas ocidentais e estadunidense. O objetivo final consiste em buscar a autarquia social e informacional, sendo a confiança na mídia ocidental para esses dois estrita e voluntariamente evitada pela maioria da população.

Conclusões

O objetivo deste livro foi o de comprovar a existência da guerra híbrida, a abordagem adaptativa indireta para troca de regime que combina revoluções coloridas e guerra não convencional em uma estratégia unificada. A geopolítica dita a estratégia dos EUA nesse campo e identifica futuros alvos, ao passo que a guerra híbrida coloca os planos taticamente em prática e desencadeia o caos armatizado. Para tanto, ela lança mão de várias teorias militares primárias com vistas à dominação da dinâmica caótica. Campanhas de projeção da informação eficientes e a construção de redes sociais por um determinado período podem provocar a fabricação de uma mente de colmeia de ativistas contra o governo.

Esses indivíduos podem ser então guiados, pelos ensinamentos de Gene Sharp, em enxames estratégicos que atuam para sufocar as autoridades e pode dar início a um golpe brando. Se a revolução colorida fracassa em derrubar o governo, ocorre a transição para a guerra não convencional, na qual a infraestrutura social da revolução colorida torna-se o alicerce da campanha violenta travada pelo movimento contra o governo. É nessa altura que o golpe rígido tem início e todos os elementos do Estado são lançados ao caos estrategicamente concebido.

Como foi discutido em todo o livro, a guerra híbrida é o novo horizonte da estratégia para troca de regime dos EUA. Ela preserva os EUA dos riscos políticos e militares associados à intervenção direta e é muito mais econômica. Ela usa indiretamente uma miscelânea de grupos por procuração para realizar, por Washington, o que meio milhão de soldados dos EUA podem não ser capazes de conseguir diretamente. Ela é, portanto, extremamente atraente para os tomadores de decisão dos EUA à medida que seu país caminha relutantemente para um mundo multipolar, e a implementação bem-sucedida da guerra híbrida em vários palcos de guerra poderia reverter de fato esse processo e restabelecer o momento unipolar por um período de tempo indeterminado. Logo, conclui-se que é do interesse de Estados orientados à multipolaridade dominar sua compreensão acerca da guerra híbrida para elaborar com eficiência estratégias com vistas a neutralizar sua aplicação bem-sucedida em todo o supercontinente da Eurásia e prevenir o retorno à unipolaridade.

NOTAS

[1] *"Sun Tzu's Art of War*. Chapter 3: Attack by Stratagem." John Watson. Web. <http://suntzusaid.com/book/3>.

[2] Golts, Alexander. "Are Color Revolutions a New Form of War?" *The Moscow Times*, 2 de junho de 2014. Acesso: 7 de julho de 2014. <http://www.themoscowtimes.com/opinion/article/are-color-revolutions-a-new-form-ofwar/501353.html>.

[3] Cordesman, Anthony. "Russia and the "Color Revolution": A Russian Military View of a World Destabilized by the US and the West (Full Report)." Center for Strategic and International Studies, 28 de maio de 2014. Acesso: 7 de julho de 2014. <http://csis.org/files/publication/140529_Russia_Color_Revolution_Full.pdf>.

[4] Petersen, Alexandros. *The World Island*: Eurasian Geopolitics and the Fate of the West. Santa Barbara: Praeger Security International, 2011.

[5] Mackinder, Halford. "The Geographical Pivot of History." The Royal Geographical Society, abril de 1904. Acesso: 7 de julho de 2014.<http://stoa.usp.br/danilousp/files/-1/16432/Geographical+Pivot+at+History+%28Mackinder%29.pdf>

[6] Fettweis, Christopher. "Eurasia, the 'World Island': Geopolitics and Policymaking in the 21st Century." GlobalResearch.ca, 14 de março de 2006. Acesso: 7 de julho de 2014. <http://www.globalresearch.ca/eurasia-the-world-islandgeopolitics-and--policymaking-in-the-21st-century/2095>.

[7] Petersen, Alexandros. *The World Island*: Eurasian Geopolitics and the Fate of the West., *op. cit.*

[8] Sempa, Francis P. "Spykman's World" American Diplomacy Publishers, abril de 2006. Acesso: 7 de julho de 2014. <http://www.unc.edu/depts/diplomat/item/2006/0406/semp/sempa_spykman.html>.

[9] Diehl, Paul F.; Hensel, Paul R.. "Testing empirical propositions about shatterbelts" University of Illinois at Urbana-Champaign, 1994. Acesso: 7 de julho de 2014. <http://www.paulhensel.org/Research/pgq94.pdf>

[10] Cockburn, Alexander e St. Clair, Jeffrey. "How Jimmy Carter and I Started the Mujahideen." *CounterPunch:Tells the Facts, Names the Names*. CounterPunch, 15 de janeiro de 1998. Acesso: 7 de julho de 2014.

[11] Brzezinski, Zbigniew. *The Grand Chessboard: American Primacy and its Geostrategic Imperatives*. New York, NY: BasicBooks, 1998.

[12] Lind, William; Nightengale, Coronel Keith; Schmitt, Capitão John; Sutton, Coronel Joseph; e Wilson, tenente-coronel Gary. "The Changing Face of War: Into the Fourth Generation". *Marine Corps Gazette*, outubro de 1989. Acesso: 7

de julho de 2014. <http://globalguerrillas.typepad.com/lind/the-changing-
-face-of-war-into-the-fourth-generation.html>.

[13] Arasli, Jahangir. "States vs. Non-State Actors: Asymmetric Conflict of the 21st Century and Challenges to Military Transformation." INEGMA, março de 2011. Acesso: 7 de julho de 2014. <http://www.inegma.com/Admin/Content/File- 81020131379.pdf>.

[14] Warden, Coronel John. "The Enemy as a System." Airpower Journal, primavera de 1995. Acesso: 7 de julho de 2014. <http://www.emory.edu/BUSINESS/mil/EnemyAsSystem.pdf>.

[15] Liddell Hart, B. H. "The Strategy of Indirect Approach." Internet Archive, 1954. Acesso: 7 de julho de 2014. <https://archive.org/stream/strategyofindire035126mbp/strategyofindire035126mbp_djvu.txt>

[16] Greene, Robert. "OODA and You." 24 de fevereiro de 2007. Aceso: 8 de julho de 2014. <http://powerseductionandwar.com/oodaand-you/>.

[17] Mann, Steven. "Chaos Theory and Strategic Thought." Parameters, outono de 1992. Acesso: 8 de julho de 2014. <http://strategicstudiesinstitute.army.mil/pubs/parameters/Articles/1992/1992%20mann.pdf>.

[18] Nazemroaya, Mahdi Darius. "Iraq and Syria are Burning, "Constructive Chaos" e "America's Broader Strategy to Conquer Eurasia". GlobalResearch.ca, 23 de junho de 2014. Acesso: 8 de julho de 2014. <http://www.globalresearch.ca/iraq-andsyria-burning-a-collection-of-articles-about-constructive-chaos--at-work/5388270>.

[19] Nazemroaya, Mahdi Darius. "Plans for Redrawing the Middle East: The Project for a "New Middle East". GlobalResearch.ca, 14 de junho de 2014. Acesso: 8 de julho de 2014. <http://www.globalresearch.ca/plans-for-redrawing-themiddle-east-the-project-for-a-new-middle-east/3882>.

[20] Shahskov, Sergei. "The theory of 'manageable chaos' put into practice." Strategic Culture Foundation, 1 de março de 2011. Acesso: 8 de julho de 2014. <http://www.strategic-culture.org/news/2011/03/01/the-theory-of--manageable-chaosput-into-practice.html>.

[21] Cordesman, Anthony. "Russia and the 'Color Revolution': A Russian Military View of a World Destabilized by the US and the West (Full Report)" Center for Strategic and International Studies, op. cit.

[22] Partido e movimento ucraniano de extrema direita, ultranacionalista.

[23] Cohen, Roger. "Leading From Behind." *The New York Times*, 31 de outubro de 2011. Acesso: 8 de julho de 2014. <http://www.nytimes.com/2011/11/01/opinion/01iht-edcohen01.html?_r=0>.

[24] Korybko, Andrew . "Poland as the 'Slavic Turkey' of NATO Destabilization". *Oriental Review*, 21 de fevereiro de 2014. Acesso: 8 de julho de 2014. <http://orientalreview.org/2014/02/21/poland-as-the-slavic-turkey-of-nato--destabilization/commentpage-1/>.

25 Gates, Robert. "The Security and Defense Agenda (Future of NATO)". U.S. Department of Defense, 10 de junho de 2011. Acesso: 8 de julho de 2014. <http://www.defense.gov/speeches/speech.aspx?speechid=1581>.

26 "UK and US would 'go it alone on Iraq'". Telegraph Media Group Limited, 18 de outubro de 2002. Acesso: 8 de julho de 2014. <http://www.telegraph.co.uk/news/1410560/UK-and-US-would-go-it-alone-on-Iraq.html>.

27 "'You are either with us or against us'". *Cable News network*, 6 de novembro de 2001. Acesso: 8 de julho de 2014. <http://edition.cnn.com/2001/US/11/06/gen.attack.on.terror/>.

28 "Global Trends 2030: Alternative Worlds." Office of the Director of National intelligence, 10 de dezembro de 2012. Acesso: 8 de julho de 2014. <http://www.dni.gov/index.php/about/organization/national-intelligence-council--global-trends>.

29 Smith, Matt; Benson, Pam. "U.S. to face 2030 as 'first among equals,' report projects". *Cable News network*, 11 de dezembro de 2012. Acesso: 8 de julho de 2014. <http://edition.cnn.com/2012/12/10/us/intelligence-2030/>.

30 Obama, Barack. "Full transcript of President Obama's commencement address at West Point". *The Washington Post*, 28 de maio de 2014. Acesso: 8 de julho de 2014. <http://www.washingtonpost.com/politics/full-text--of-president-obamascommencement-address-at-west-point/2014/05/28/cfbcdcaa-e670-11e3-afc6-a1dd9407abcf_story.html>.

31 Dionne, Jr., E. J. . "The New Obama Doctrine: The U.S. Shouldn't Go It Alone." Investors's Business Daily, 28 de maio de 2014. Acesso: 8 de julho de 2014. <http://news.investors.com/ibd-editorials-on-the-left/052814-702436--us-should-usemilitary-force-only-when-we-or-allies-are-threatened.htm?ref=SeeAlso>.

32 "CIA and the US military operatives train rebels in Turkey and Jordan - report." *Autonomous Non-Profit Organization "TV-Novosti"*, 22 June 2013. Web. 8 July 2014. <http://rt.com/news/usa-cia-train-syria-rebels-087/>.

33 Chivers, C. J.; Schmitt, Eric. "Arms Airlift to Syria Rebels Expands, With Aid From C.I.A." *The New York Times,* 24 de março de 2013. Acesso: 8 de julho de 2014. <http://www.nytimes.com/2013/03/25/world/middleeast/arms-airlift-to-syrianrebels-expands-with-cia-aid.html?pagewanted=all>.

34 *"Joint Vision 2020"*. U. S. Department of Defense, 30 de maio de 2000. Acesso: 8 de julho de 2014. <http://mattcegelske.com/joint-vision-2020-americas--military-preparing-for-tomorrow-strategy/>.

35 "Joint Vision 2020 Emphasizes Full-spectrum Dominance". Departamento de Defesa dos EUA, 2 de junho de 2000. Acesso: 8 de julho de 2014. <http://www.defense.gov/news/newsarticle.aspx?id=45289>.

36 Engdahl, William. *Full Spectrum Dominance*: Totalitarian Democracy in the New World Order. Wiesbaden: edition.engdahl, 2009.

37 Warden, Coronel John. "The Enemy as a System". Airpower Journal, *op. cit.*

[38] Korybko, Andrew . "Color Revolutions: A Briefing of the Core Theoretical Mechanics." Oriental Review, janeiro de 2014. Acesso: 9 de julho de 2014. <http://orientalreview.org/wp-content/uploads/2014/01/Color-Revolution--TemplateBriefing-Note-by-Andrew-Korybko.pdf>.

[39] Savin, Leonid. "Coaching War." Open Revolt! 23 de julho de 2014. Acesso: 8 de agosto de 2014. <http://openrevolt.info/2014/07/23/coaching-war-leonid--savin/>.

[40] Bernays, Edward. *Propaganda*. 1928. Acesso: 9 de julho de 2014. <http://www.whale.to/b/bernays.pdf>.

[41] "Edward Bernays, 'Father of Public Relations' And Leader in Opinion Making, Dies at 103." *The New York Times*, 10 de março de 1995. Acesso: 9 de julho de 2014. <http://www.nytimes.com/books/98/08/16/specials/bernays-obit.html>.

[42] Bernays, Edward. "The Engineering of Consent." 1947. Acesso: 9 de julho de 2014. <http://classes.design.ucla.edu/Fall07/28/Engineering_of_consent.pdf>.

[43] Szafranski, Richard. "Neocortical Warfare? The Acme of Skill". *RAND Corporation*, novembro de 1994. Acesso: 9 de julho de 2014. <http://www.rand.org/content/dam/rand/pubs/monograph_reports/MR880/MR880.ch17.pdf>.

[44] Cebrowski, Vice Admiral Arthur; Garstka, John. "Network-Centric Warfare: Its Origin and Future." U.S. Naval Institute, janeiro de 1998. Acesso: 10 de julho de 2014. <http://www.usni.org/magazines/proceedings/1998-01/network-centricwarfare-its-origin-and-future>.

[45] Savin, Leonid. "Network Centric Strategies in the Arab Spring". *Open Revolt!*, 29 de dezembro de 2011. Acesso: 10 de julho de 2014. <http://openrevolt.info/2011/12/29/network-centric-strategies/>.

[46] Arquilla, John; Ronfeldt, David F. *The Advent of Netwar*. Santa Monica, CA: RAND, 1996. Acesso: <http://www.rand.org/pubs/monograph_reports/MR789.html>

[47] Arquilla, John; Ronfeldt, David F. *"The Advent of Netwar (Revisited)." Networks and Netwars*: The Future of Terror, Crime, and Militancy. Santa Monica, CA: Rand, 2001. Web. <http://www.rand.org/content/dam/rand/pubs/monograph_reports/MR1382/MR1382.ch1.pdf>

[48] Mann, Steven. *Chaos Theory and Strategic Thought*. Parameters, *op. cit.*

[49] Arquilla, John; Ronfeldt, David F. Swarming and the Future of Conflict. Santa Monica, CA: RAND, 2000. Web. <http://www.rand.org/pubs/documented_briefings/DB311.html>

[50] Niekerk, Brett Van; Maharaj, Manoj. "Social Media and Information Conflict". *International Journal of Communication*, 14 de maio de 2012. Acesso: 10 de julho de 2014. <http://ijoc.org/index.php/ijoc/article/viewFile/1658/919>.

[51] Luckerson, Victor. "How to Opt Out of Facebook's New Ad-Targeting Program." *Time*, 12 de junho de 2014. Acesso: 11 de julho de 2014. <http://time.com/2864482/facebook-ads-opt-out/>.

[52] Cebrowski, Vice Admiral Arthur; Garstka, John. "Network-Centric Warfare: Its Origin and Future". U.S. Naval Institute, *op. cit.*

[53] "Facebook mind control experiments linked to DoD research on civil unrest". *Autonomous Non-Profit Organization "TV-Novosti"*, 3 de julho de 2014. Acesso: 11 de julho de 2014. <http://rt.com/usa/169848-pentagon-facebook-studyminerva/>.

[54] "Revealed: Pentagon spent millions studying how to influence social media." *Autonomous Non-Profit Organization "TV-Novosti"*, 8 de julho de 2014. Acesso: 11 de julho de 2014. <http://rt.com/usa/171356-darpa-social-mediastudy/>.

[55] Piepmeyer, Anna. "Collective consciousness". The University of Chicago, inverno de 2007. Acesso: 11 de julho de 2014. <http://csmt.uchicago.edu/glossary2004/collectiveconsciousness.htm>.

[56] Caro, Gianni Di. "An Introduction to Swarm Intelligence Issues". The University of Washington, n.d. Acesso: 11 de julho de 2014. <http://staff.washington.edu/paymana/swarm/dicaro_lecture1.pdf>.

[57] Arquilla, John; Ronfeldt, David F.. *Swarming and the Future of Conflict, op. cit.*

[58] Engdahl, William. *Full Spectrum Dominance: Totalitarian Democracy in the New World Order.* Wiesbaden, *op. cit.*

[59] Beaumont, Peter. "The truth about Twitter, Facebook and the uprisings in the Arab world." *Guardian News and Media*, 25 de fevereiro de 2011. Acesso: 11 de julho de 2014. <http://www.theguardian.com/world/2011/feb/25/twitter-facebookuprisings-arab-libya>.

[60] Flintoff, John-Paul. "Gene Sharp: The Machiavelli of non-violence". *New Statesman*, 3 de janeiro de 2013. Acesso: 24 de junho de 2014. <http://www.newstatesman.com/politics/your-democracy/2013/01/gene-sharp-machiavelli-non-violence>.

[61] *How to start a revolution*. Dir. Ruaridh Arrow. Media Education Foundation, 2011. Vídeo. <http://www.youtube.com/watch?v=KqrRdQtsRhI>

[62] Sharp, Gene. *From Dictatorship to Democracy: A Conceptual Framework for Liberation.* 4 ed. East Boston: The Albert Einstein Institution, 2010. Web. <http://www.aeinstein.org/wp-content/uploads/2013/09/FDTD.pdf>

[63] Sharp, Gene. *There Are Realistic Alternatives.* Boston: Albert Einstein Institution, 2003. Web. <http://www.aeinstein.org/wp-content/uploads/2013/09/TARA.pdf>

[64] Sharp, Gene. "198 Methods of Non-Violence Action". The Albert Einstein Institution, n.d. Acesso: 11 de julho de 2014. <http://www.aeinstein.org/nva/198-methods-of-nonviolent-action/>.

65 Yi, Suli; Zhang, Fangfang. "'Arab Spring' Revolutions Follow Game Plan from 1993 Book." *Voice of America*, 5 de junho de 2011. Acesso: 11 de julho de 2014. <http://www.voanews.com/content/arab-spring-revolutions-follow--game-planfrom-1993-book-123273468/173007.html>.

66 Gray, Louise. "Gene Sharp: How to Start a Revolution". Telegraph Media Group Limited, 21 de outubro de 2011. Acesso: 11 de julho de 2014. <http://www.telegraph.co.uk/culture/film/filmmakersonfilm/8841546/Gene-Sharp--How-to-Start-aRevolution.html>.

67 *How to start a revolution*. Dir. Ruaridh Arrow., *op. cit.*

68 Mackay, Mairi. "Gene Sharp: A dictator's worst nightmare". *Cable News network*, 25 de junho de 2012. Acesso: 11 de julho de 2014. <http://edition.cnn.com/2012/06/23/world/gene-sharp-revolutionary/>.

69 Giovanni, Janine. "The Quiet American." *The New York Times*, 8 de setembro de 2012. Acesso: 11 de julho 2014. <http://www.nytimes.com/2012/09/09/t--magazine/gene-sharp-theorist-of-power.html?pagewanted=all&_r=0>.

70 "Who Mr. Tefft is and what he brings to Russia". *The Voice of Russia*, 2 de julho de 2014. Acesso: 12 de julho de 2014. <http://voiceofrussia.com/2014_07_02/Who-is-Mr-Tefft-and-what-he-brings-to-Russia-6480/>"

71 Weinberger, Sharon. "Russia Claims Georgia in Arms Build Up". Conde Nast Digital, 19 de maio de 2008. Acesso: 12 de julho de 2014. <http://www.wired.com/2008/05/russia-tallies/>.

72 Hodge, Nathan. "Did the U.S. Prep Georgia for War with Russia?". Conde Nast Digital, 8 de agosto de 2008. Acesso: 12 de julho de 2014. <http://www.wired.com/2008/08/did-us-military/>.

73 Stein, Jeff. "Nice Invisibility Cloak!". *Newsweek LLC*, 11 Oct. 2013. Acesso: 12 de julho de 2014. <http://www.newsweek.com/2013/10/11/nice-invisibility--cloak-238088.html>.

74 Petit, Lieutenant Colonel Brian. "Social Media and UW." U.S Army John F. Kennedy Special Warfare Center and School, 1 de abril de 2012. Acesso: 13 de julho de 2014. <http://www.soc.mil/swcs/swmag/archive/SW2502/SW2502SocialMediaAndUW.html>.

75 "Special Operations in the China-Burma-India Theater". U.S. Army Center of Military History, n.d. Acesso: 13 de julho de 2014. <http://www.history.army.mil/books/wwii/70-42/70-425.html>.

76 Blum, William. Killing Hope: U.S. Military and CIA Interventions Since World War II. 2e éd. ed. Monroe, ME: Common Courage Press, 2004. Edição impressa.

77 "The 7 Governments the US Has Overthrown". Foreign Policy, 19 de agosto de 2013. Acesso: 24 de julho de 2014. <http://www.foreignpolicy.com/articles/2013/08/19/map_7_confirmed_cia_backed_coups>.

78 Mirsky, Jonathan. "Tibet: The CIA's Cancelled War". NYREV, Inc., 9 de abril de 2013. Acesso: 13 de julho de 2014. <http://www.nybooks.com/blogs/nyrblog/2013/apr/09/cias-cancelled-war-tibet/>.

[79] Carpenter, Ted Galen. "U.S. Aid to Anti-Communist Rebels: The "Reagan Doctrine" and Its Pitfalls". *The Cato Institute*, 24 de junho de 1986. Acesso: 24 de junho de 2014. <http://www.cato.org/pubs/pas/pa074.html>.

[80] Arasli, Jahangir. "States vs. Non-State Actors: Asymmetric Conflict of the 21st Century and Challenges to Military Transformation". INEGMA, 13 de março de 2011. Acesso: 13 de julho de 2014. <http://www.inegma.com/specialreportdetail.aspx?rid=25&t=States-vs.-Non-State-Actors-Asymmetric--Conflict-of-the-21st-Century-and-Challengesto-Military-Transformation#.U8Jqc7Huwvk>.

[81] Due-Gundersen, Nicolai. "The Status of Private Military Companies: When Civilians and Mercenaries Blur". Small Wars Journal, 31 de julho de 2013. Acesso: 13 de julho de 2014. <http://smallwarsjournal.com/jrnl/art/the-status--of-privatemilitary-companies-when-civilians-and-mercenaries-blur>.

[82] Glanz, James; Alissa Rubin. "Blackwater Shootings 'Deliberate Murder,' Iraq Says". *The New York Times*, 7 de outubro de 2007. Acesso: 13 de julho de 2014. <http://www.nytimes.com/2007/10/08/world/middleeast/08blackwater.html?pagewanted=all&_r=0>.

[83] "Assad: Syria is fighting foreign mercenaries." *CBS Interactive*, 16 de maio de 2012. Acesso: 13 de julho de 2014. <http://www.cbsnews.com/news/assad--syria-is-fighting-foreign-mercenaries/>.

[84] "Russia urges US to stop involvement of mercenaries in conflict in Ukraine". *The Voice of Russia*, 5 de junho de 2014. Acesso: 13 de julho de 2014. <http://voiceofrussia.com/news/2014_06_05/Russia-urges-US-to-stop-involvement--ofmercenaries-in-conflict-in-Ukraine-8411/>.

[85] "Foreign Fighters In Syria Raise Fears". NPR, 8 de dezembro de 2013. Acesso: 25 de junho de 2014. <http://www.npr.org/templates/story/story.php?storyId=249570013>.

[86] "Yes, we can: Obama waives anti-terrorism provisions to arm Syrian rebels". *Autonomous Non-Profit Organization "TV-Novosti"*, 18 de setembro de 2013. Acesso: 13 de julho de 2014. <http://rt.com/usa/obama-terrorist-arms-supply-966/>.

[87] "Gulf-sponsored: Multi-million monthly cash-flow for Syrian rebels." *Autonomous Non-Profit Organization "TV-Novosti"*, 2 de abril de 2012. Acesso: 13 de julho de 2014. <http://rt.com/news/snc-gulf-countries-fund-rebels-972/>.

[88] Meyssan, Thierry. "Ukraine: Poland trained putchists two months in advance". *Voltaire Network*, 19 de abril de 2014. Acesso: 13 de julho de 2014. <http://www.voltairenet.org/article183373.html>.

[89] Walker, Shaun. "Ukrainian far-right group claims to be co-ordinating violence in Kiev". *Guardian News and Media*, 24 de janeiro de 2014. Acesso: 13 de julho de 2014. <http://www.theguardian.com/world/2014/jan/23/ukrainian--far-rightgroups-violence-kiev-pravy-sektor>.

[90] Shanker, Thom; Helene Cooper. "Pentagon Plans to Shrink Army to Pre--World War II Level". *The New York Times*, 23 de ferevereiro de 2014. Acesso:

13 de julho de 2014. <http://www.nytimes.com/2014/02/24/us/politics/pentagon-plans-toshrink-army-to-pre-world-war-ii-level.html>.

[91] Serwer, Adam. "Obama embraces special operations forces." msnbc.com. *NBC News Digital*, 25 de junho de 2014. Acesso: 13 de julho de 2014. <http://www.msnbc.com/msnbc/obama-embraces-special-operations-forces>.

[92] Priest, Dana; Arkin, William. "A hidden world, growing beyond control". *The Washington Post*, setembro de 2010. Acesso: 13 de julho de 2014. <http://projects.washingtonpost.com/top-secret-america/articles/a-hidden-world--growingbeyond-control/>.

[93] Isenberg, David. "Private Military Contractors and U.S. Grand Strategy". *The Cato Institute*, janeiro de 2009. Acesso: 13 de julho de 2014. <http://object.cato.org/sites/cato.org/files/articles/isenberg-private%2520military--contractors- 2009.pdf>.

[94] Farber, M. A. . "Infiltration Assessments Defended At CBS Trial." *The New York Times*, 6 de novembro de 1984. Acesso: 13 de julho de 2014. <http://www.nytimes.com/1984/11/07/movies/infiltration-assessments-defended-at--cbstrial.html>.

[95] Milhelm, R.; Said, H.. "Electricity Ministry: Southern power generating stations stop due to terrorist attacks". *Syrian Arab News Agency*, 7 de julho de 2014. Acesso: 13 de julho de 2014. <http://www.sana.sy/en/?p=5763>.

[96] Sridharan, Vasudevan. "Ukraine Crisis: Protesters Take Dozens of Police as Hostages." *IBTimes*, 21 de fevereiro de 2014. Acesso: 13 de julho de 2014. <http://www.ibtimes.co.uk/ukraine-unrest-protesters-take-dozens-police--hostages-1437322>.

[97] Richards, Deborah. "The Twitter jihad: ISIS insurgents in Iraq, Syria using social media to recruit fighters, promote violence". *ABC*, 21 de junho de 2014. Acesso: 13 de julho de 2014. <http://www.abc.net.au/news/2014-06-20/isis--usingsocial-media-to-recruit-fighters-promote-violence/5540474>.

[98] "Ukraine nationalist leader calls on 'most wanted' terrorist Umarov 'to act against Russia'". *Autonomous Non-Profit Organization "TV-Novosti"*, 5 de março de 2014. Acesso: 13 de julho de 2014. <http://rt.com/news/yarosh--nationalistaddress-umarov-380/>.

[99] Trowbridge, Alexander; Ward, Clarissa. "Dutch spy chief: Social media fueling terror "swarm"". *CBS Interactive*, 8 de julho de 2014. Acesso: 13 de julho de 2014. <http://www.cbsnews.com/news/dutch-spy-chief-social-mediafueling--terror-swarm/>.

[100] Campen, Col. Alan . "Swarming Attacks Challenge Western Way of War." *Signal Magazine*, abril de 2001. Acesso: 13 de julho de 2014. <http://www.afcea.org/content/?q=node/559>.

[101] "TC 18-01 Special Forces Unconventional Warfare". *NSNBC*, 30 de novembro de 2010. Acesso: 24 de junho de 2014. <http://nsnbc.me/wp-content/uploads/2012/02/special-forces-uw-tc-18-01.pdf>.

[102] "US-Military Logic behind Syrian Insurgency. The "Special Forces Unconventional Warfare" manual TC 18-01". *NSNBC*, 15 de fevereiro de 2012. Acesso: 24 de junho 2014. <http://nsnbc.me/2012/02/15/us-military-logic--behind-syrianinsurgency-the-special-forces-uncon/>.

[103] "Days of Protest in Ukraine." *The Atlantic*. The Atlantic Monthly Group, 2 de dezembro de 2013. Acesso: 13 de julho de 2014. <http://www.theatlantic.com/infocus/2013/12/days-of-protest-in-ukraine/100638/>"

[104] Biierend, Doug. "Photos: The Brutal DIY Weapons of the Ukrainian Revolution". *Conde Nast Digital*, 9 de março de 2014. Acesso: 13 de julho de 2014. <http://www.wired.com/2014/03/ukraine-diy-weapons/>.

[105] Walker, Shaun. "Ukrainian far-right group claims to be co-ordinating violence in Kiev." *Guardian News and Media, op. cit.*

[106] Karmanau, Yuras; Mills, Laura. "Ukraine protesters storm office and force regional governor to resign as demonstrations continue in smouldering Kyiv". *National Post*, 23 de janeiro de 2014. Acesso: 14 de julho de 2014. <http://news.nationalpost.com/2014/01S/23/ukraine-protesters-storm-office-and-force--regional-governor-toresign-as-demonstrations-continue-in-smouldering--kyiv/>.

[107] "Ukraine unrest: State of emergency threat to anti-government protesters occupying justice ministry headquarters." *ABC*, 27 de janeiro de 2014. Acesso: 13 de julho de 2014. <http://www.abc.net.au/news/2014-01-27/ukraineunrest3a-state-of-emergency-threat-to-anti-government-/5221454>.

[108] Mezzofiore, Gianluca. "Ukraine Facing Civil War: Lvov Declares Independence from Yanukovich Rule." *IBTimes*, 19 fevereiro de 2014. Acesso: 13 de julho de 2014. <http://www.ibtimes.co.uk/ukraine-facing-civil-war-lviv--declares-independenceyanukovich-rule-1437092>.

[109] "Ukrainian Protesters Block Border with Poland". *Novinite*, 19 de fevereiro de 2014. Acesso: 14 de julho de 2014. <http://www.novinite.com/articles/158354/Ukrainian+Protesters+Block+Border+with+Poland>.

[110] "As Ukraine leader fights for Kiev, west slips from his grip". Thomson Reuters, 19 de fevereiro de 2014. Acesso: 13 de julho de 2014. <http://www.reuters.com/article/2014/02/19/ukraine-west-idUSL6N0LO2QU20140219>.

[111] Higgins, Andrew. "A Ukraine City Spins Beyond the Government's Reach". *The New York Times*, 15 de fevereiro de 2014. Acesso: 13 de julho de 2014. <http://www.nytimes.com/2014/02/16/world/europe/a-ukraine-city-spins--beyond-thegovernments-reach.html>.

[112] Korybko, Andrew. "Poland as the 'Slavic Turkey' of NATO Destabilization", *Oriental Review, op. cit.*

[113] Beaumont, Peter. "Ukraine edges closer to all-out civil disorder as protests spread from Kiev". *Guardian News and Media*, 21 de fevereiro de 2014. Acesso: 13 de julho de 2014. <http://www.theguardian.com/world/2014/feb/20/ukraineprotests-spread-from-kiev>.

[114] Matthews, Owen. "Ukraine: Heading for Civil War". *Newsweek LLC*, 20 de fevereiro de 2014. Acesso: 14 de julho de 2014. <http://www.newsweek.com/2014/02/21/ukraine-heading-civil-war-245564.html>.

[115] "Estonian Foreign Ministry confirms authenticity of leaked call on Kiev snipers." *Autonomous Non-Profit Organization "TV-Novosti"*, 7 de março de 2014. Acesso: 13 de julho de 2014. <http://rt.com/news/estonia-confirm-leaked-tape- 970/>.

Anexos

I – Uma exposição da mecânica central das revoluções coloridas

Objetivo

As revoluções coloridas são um dos mais novos modelos para desestabilização de Estado. Elas permitem que atores externos manifestem negações plausíveis quando acusados de interferir ilegalmente nos assuntos domésticos de um Estado soberano, e a mobilização em massa do 'poder do povo' faz delas altamente eficazes na óptica da mídia mundial. Além disso, o aglomerado de muitos civis protestando contra o governo também aumenta a pressão sobre ele e limita suas opções para lidar com eficiência contra a desestabilização em andamento. Todas as revoluções coloridas seguem à risca o mesmo modelo, e entender a natureza dessa tática de desestabilização na prática permitirá elaborar contramedidas adequadas para se defender contra ela.

I – Modelo

As revoluções coloridas são fabricadas pela complexa interação de vários fatores, que, contudo, podem ser subdivididos em várias categorias de infraestrutura primárias:

– Ideologia
– Financiamento
– Social
– Treinamento
– Informação
– Mídia

Esses fatores interagem entre si de uma maneira predeterminada em uma hierarquia de cinco degraus:

A interação dos fatores acima cria um movimento (m) que se combina a duas outras variáveis para produzir uma revolução colorida:
– 'O acontecimento' (e)
– Infraestrutura física (p)

A fórmula resultante para uma revolução colorida (R) é a seguinte:

m + e + p = R

Os próximos pontos desta exposição detalharão com clareza o que são essas variáveis, bem como explicarão a interação entre elas.

II – Descrição das variáveis

Esta seção detalhará os fatores específicos que contribuem para a definição de cada uma das variáveis.

1 – Ideologia

A Ideologia é o foco central para qualquer mudança no mundo, e é a ideia motriz que dá movimento a todos os demais fatores presentes em uma revolução colorida. Sem ideologia, tudo que vem a seguir é vazio e sem significado ou propósito. A ideologia tradicional que mobiliza todas as revoluções coloridas é a democracia liberal, e ela busca 'libertar' os Estados-alvo de governos vistos como antidemocrático-liberal (ou seja, não ocidentais).

A democracia liberal, em sua manifestação pós-moderna atual, é expansionista e agressiva. Ela não se contenta com sistemas ideológicos e de valores diferentes dos seus e deve esmagá-los em sua jornada pela dominação mundial. Além de travar uma guerra direta contra sociedades que resistem a seu avanço (isto é, Sérvia, Líbia), os Estados democráticos-liberais (o Ocidente) aprenderam a buscar outros métodos para derrotar Estados-alvo. Esses métodos são menos diretos do que a guerra aberta, mas não menos eficientes. A penetração ideológica em uma sociedade se incorpora em uma irrupção física no interior do próprio Estado, guiada por um segmento dos cidadãos do próprio Estado. Com isso, o Estado (e a sociedade como um todo) deve combater uma parte de si próprio que está 'se levantando' contra o *status quo*, levando a um conflito de interesses e a uma guerra civil social. Dependendo do nível de provocação a que os manifestantes democráticos-liberais dão início, bem como de casos de má administração do Estado no lidar com esse levante social, a guerra civil social pode uma hora ou outra acabar por tornar-se violenta e, em pouco tempo, tomar as aparências de uma guerra civil de verdade. Isso é especialmente verdade se os manifestantes tiverem sido armados por forças de fora do país e decidirem atacar os serviços de segurança incumbidos de dispersar as manifestações físicas da revolução colorida.

A ideologia é, portanto, o ponto de partida de todas as revoluções coloridas. Ela representa uma forma de desenvolvimento oposta para uma sociedade doméstica e motiva segmentos simpatizantes da população a participar de manifestações tangíveis para exigir mudanças. Será demonstrado mais adiante que a vasta maioria desses manifestantes ativos sequer pode suspeitar de que suas atividades estão sendo orquestradas por um poder superior

(ONG, governo estrangeiro). Em vez disso, a maioria deles, doutrinada por uma campanha de informação coercitiva que promove a ideologia desestabilizadora, foi realmente induzida a crer que suas ações são espontâneas e 'naturais' e que representam o 'progresso' inevitável que todas as regiões do mundo estão destinadas a viver mais cedo ou mais tarde. A ideologia do indivíduo acima do coletivo (o aspecto social da democracia liberal) apodera cada um dos manifestantes a sentir-se exercendo um impacto único e significativo na promoção dessa mudança.

2 – Financeiro

Qualquer ideologia precisa de uma infraestrutura financeira para facilitar sua permeação em uma sociedade. O dinheiro lubrifica as engrenagens da sociedade e viabiliza novos meios para disseminar influência. A não ser que já exista um forte nível de apoio preexistente para a ideologia penetrante no país-alvo, o capital inicial virá do exterior (dos Estados hospedeiros promovendo a ideologia). Foi este o caso na primeira onda de revoluções coloridas e na Primavera Árabe. Patrocinadores estrangeiros entraram com o capital necessário para manter os movimentos embrionários em constante crescimento em suas fases mais primordiais. Ainda que a influência ideológica externa desenvolva sua própria infraestrutura social em termos, sem recorrer a meios financeiros, essa variável social será gravemente limitada em sua projeção e eficiência se ela não tiver uma base financeira sólida apoiando suas atividades promocionais e treinamento.

O financiamento é a espinha dorsal de toda a revolução colorida. Ele transforma as ideias do movimento social em ação tangível (infraestrutura física) e oferece um 'ninho' para o cultivo da ideologia. Esses ninhos são várias instituições e organizações pró-democráticas e de direitos humanos (conforme definidos pelo Ocidente). É muito comum que elas sejam ludibriosamente chamadas de ONGs, mesmo tendo ligação direta com um governo estrangeiro ou com elementos da oposição política institucional. Essas instituições e centros precisam de dinheiro para funcionar, e isso traz à tona a importância fundamental de ter uma infraestrutura financeira em funcionamento.

A infraestrutura financeira injetará dinheiro continuamente para suas empreitadas, uma vez que qualquer interrupção de fundos (ainda que breve) afeta diretamente a eficácia de suas operações *online* e em campo. Subsídios de instituições consagradas e governos estrangeiros podem oferecer o capital inicial para criar uma instituição/organização de penetração doméstica dentro do Estado-alvo, porém, futuramente, o treinamento adequado ensinará aos ativistas como angariar fundos por conta própria. A arrecadação de fundos serve para conquistar certo nível de independência financeira, que cumpre três finalidades:

1) limitar o impacto negativo que qualquer interrupção no financiamento estrangeiro poderia causar;

2) criar uma rede financeira doméstica capaz de escapar aos olhos atentos do governo a transferências de fundos internacionais e contrabando ilegal de dinheiro entre as fronteiras;

3) entrincheirar a instituição/organização ainda mais na sociedade doméstica através de atividades de arrecadação de fundos inseridas dentro da sociedade.

O financiamento permite que a revolução colorida firme-se na sociedade e dissemine suas ideias para todos os lados e a todo tempo. Quanto mais financiamento, maior o número de instituições/organizações e de pessoas de que elas se servem. Tal como a infraestrutura social, o financiamento é diretamente respaldado pela ideologia.

3 – Social

Esse tipo de infraestrutura lida com as pessoas de carne e osso envolvidas na revolução colorida e é obtido através das instituições/

organizações. Ele é o motor de engajamento direto da revolução. Antes do 'acontecimento', ele pode ser dividido em três níveis:

1) núcleo (vanguarda);
2) tenentes (assistentes);
3) civis (simpatizantes).

'O acontecimento' une todos esses três níveis em uma só unidade, dando à revolução colorida a impressão de ser uma iniciativa de base unificada. Pode-se afirmar que a infraestrutura social é bastante hierárquica e que um pequeno grupo de indivíduos na vanguarda rege o movimento inteiro. Esse fato geralmente passa despercebido não só para os observadores externos mas também entre os simpatizantes civis, porém é de extrema importância reconhecê-lo e entendê-lo para compreender a organização da infraestrutura social.

a) Núcleo

Esses indivíduos são a vanguarda da revolução colorida. Eles são as pessoas que controlam as instituições/organizações em posição para colocar em prática a mudança Democrática Liberal. Eles são altamente treinados e mantêm contato direto com o patrocinador externo (ideológico e/ou financeiro). O núcleo comporta um pequeno número de ativistas dedicados à causa. No sentido em que estão determinados a atuar contra o *status quo* atual e buscam ativamente derrubá-lo, eles podem ser definidos como 'extremistas ideológicos'. Eles são as pessoas mais poderosas dentro do país-alvo e, quando a decisão por iniciar a revolução colorida é tomada, eles podem aparecer fazendo discursos motivadores ao público em favor da revolução colorida ou podem continuar organizando o movimento nas sombras. A conquista ou comprometimento de um indivíduo do núcleo define em grande medida a eficácia de organização da revolução colorida.

b) Tenentes

Esse grupo inclui os assistentes situados logo abaixo do núcleo. Eles realizam funções administrativas ou funções de recrutamento a serviço da instituição/organização. Os tenentes são a 'cara' da organização com que a maioria dos civis inicialmente entrará em contato. Eles também fazem a maior parte do trabalho pela instituição/organização, o que faz deles a espinha dorsal da mão de obra. Os tenentes são dedicados à causa, mas ainda têm que provar sua mais estrita lealdade para chegar à elite do núcleo. Todos os tenentes anseiam por chegar ao núcleo, daí seu ativismo dedicado e manifestações públicas em favor da ideologia. Visto que um tenente individual não é parte integrante do movimento como membro do núcleo, eles são facilmente descartados e substituídos pela organização se necessário (ou seja, eles recebem ordens para cumprir atos públicos provocativos e são então presos). Em grandes números, os tenentes são poderosos e de valor para a instituição/organização, um tenente sozinho não passa de um mero peão.

c) Civis

Os civis são os cidadãos comuns com quem os tenentes entram em contato. Eles só entram na infraestrutura social quando se tornam simpatizantes da causa. Os civis podem ou não entrar na infraestrutura física (isto é, participar dos protestos de solidariedade à revolução colorida), mas quando entram, eles permitem uma vantagem de poder brando valiosa. A cobertura da mídia de milhares de civis participando de uma manifestação de revolução colorida pode influenciar outros civis a também participar desses atos. Assim como os tenentes, um civil sozinho não passa de um peão, mas, em grandes números, eles são uma 'arma'.

Em termos de influência, o padrão é o seguinte:
Núcleo > Tenentes > Civis
Em termos de números, o padrão inverte-se:
Civis > Tenentes > Núcleo
À medida que a infraestrutura social cresce e agrega novos membros, ela aumenta os fundos para a instituição/organização graças às atividades de arrecadação de fundos dos tenentes.

4 – Treinamento

O treinamento é indispensável a qualquer revolução colorida uma vez que constitui a terceira ponta do triângulo profano (que será explicado mais adiante). Essa infraestrutura multiplica os recursos de suas contrapartes financeiro, social e informação:

- financeiro: os tenentes aprendem técnicas para arrecadar fundos;
- social: os tenentes aprendem como conduzir com sucesso atividades de disseminação para aumentar suas tropas e reunir mais Civis simpatizantes;
- informação: os tenentes aprendem como criar melhores sites, elaborar materiais promocionais mais eficientes e tirar proveito das mídias sociais.

O treinamento pode ocorrer dentro ou fora do país. O núcleo pode ser treinado de fora, ao passo que os tenentes provavelmente serão treinados de dentro do país pelo núcleo. É importante que a instituição/organização tenha na ponta da língua negações plausíveis em se tratando de envolvimento estrangeiro ou então suas operações domésticas serão desacreditadas. Isso torna a elite do núcleo mais propensa a viajar, ao passo que muitos tenentes permanecem dentro do país para seu treinamento.

O treinamento pode ser presencial ou *online*. Caso seja perigoso ou suspeito para o núcleo deixar o país para o treinamento, este será feito via Internet. No entanto, o treinamento mais eficiente ocorre presencialmente e 'tutoriais' *online* não substituem a interação face a face entre o núcleo e seus patrocinadores. Nessas circunstâncias, pode ser que os patrocinadores acabem por enviar um treinador representante ao país-alvo para passar o treinamento, embora esse movimento seja arriscado para o patrocinador. Se pegos com a mão na massa, o patrocinador e o instituto/organização perderão credibilidade entre o público doméstico, subtraindo assim muitos dos ganhos anteriores.

Uma instituição/organização sem treinamento eficiente é incompleta, deficiente e incapaz de atingir todo o seu potencial.

5 – *Informação*

Essa infraestrutura trata da disseminação ideológica e é de extrema importância para ajudar no recrutamento para a infraestrutura social (tenentes e civis). Ela possui dois elementos principais:
– mídias sociais;
– materiais de propaganda.
Esses elementos são explicados abaixo.

a) Mídias sociais

As mídias sociais são usadas para disseminar a ideologia e criar uma rede social, que, por sua vez, se converterá em tenentes ou civis simpatizantes. A projeção eficaz das mídias sociais pela instituição/organização faz a revolução colorida avançar em níveis inimagináveis. Os civis utilizarão os veículos de mídia social para se manter a par das notícias e informes do movimento, o que imporá um desafio aos veículos de mídia oficiais que apoiam o *Establishment* do governo. Dessa forma, boas habilidades com mídias sociais têm o objetivo final de criar um veículo de informações alternativo.

b) Materiais de propaganda

Os materiais de propaganda são fundamentais para disseminar a causa do movimento e fazer com que ele pareça maior do que realmente é. Grafites, panfletos espalhados pelas ruas e colados nos muros, bem como *slogans* contagiantes, logotipos e cores são capazes de difundir o movimento na psiquê do público de uma maneira nova e ininterrupta. Isso permite que até mesmo os civis que não são simpatizantes do movimento lembrem-se de que as bases para uma revolução colorida futura existem e estão presentes na sociedade. Na verdade, esses civis podem acreditar então que esse movimento é inevitável e que tem mais apoio do que realmente tem, fazendo com que eles sigam uma mentalidade de 'entrar na onda' porque sentem que ele será o 'lado vencedor'. A propaganda também simplifica a mensagem do movimento, torna-a inteligível para cada classe social (de preferência) e cria imagens e conceitos fáceis de absorver para públicos estrangeiros e domésticos.

A infraestrutura da informação também é responsável pelo seguinte:

- criar *software* e estratégias para mapear/planejar protestos futuros;
- conectar a instituição/organização a outras pessoas que compartilham da mesma opinião dentro do país ou no exterior;
- escolher os símbolos nacionais/músicas/monumentos mais simbólicos à nação, praças, parques aos quais associar o movimento.

Assim, esse tipo de infraestrutura conecta o movimento ao mundo exterior e melhora a eficiência de sua mensagem.

6 – Mídia

Este nível de infraestrutura é o ponto culminante de toda a infraestrutura do movimento. A mídia pode ser a nova (blogs, sites de notícia alternativos) ou a tradicional (TV, jornais). As infraestruturas financeiro, social, treinamento e informação unem-se para compor esse quinto e último degrau, o qual permite a disseminação em massa para toda a sociedade. Ele legitima a ideologia do movimento, lhe dá as aparências de respeitável e solidifica a percepção de forte presença na sociedade. Mais importante de tudo, ele também tem o objetivo primário de chegar ao público internacional. Ao fazê-lo, ele cria legitimidade internacional (ocidental) e atrai declarações de figuras políticas proeminentes, tanto dentro do país como no exterior. Os políticos domésticos que apoiam o movimento terão então o apoio explícito de seus patrocinadores estrangeiros, ajudando assim a alavancar suas carreiras políticas se a revolução colorida der certo.

Ambas as plataformas de mídia (nova e tradicional) atuam para recrutar mais civis, até então hesitantes em aderir ao movimento, uma vez que antes o viam como frágil e fadado ao fracasso.

A nova mídia pode então pressionar a mídia tradicional a divulgar as últimas do movimento, em especial se a mídia tradicional estiver relutante em fazê-lo por motivos políticos. Pode ser até mesmo que ocorra um racha entre as mídias nova e tradicional, com a nova mídia do lado do movimento e a mídia tradicional do lado do *Establishment*. Blogueiros e 'novos jornalistas' encontram-se na vanguarda da nova mídia, e suas apurações são providenciais para expandir a influência da nova mídia pró-movimento.

Se a mídia tradicional divulgar o movimento (seja como resultado de pressão da nova mídia ou através de veículos simpatizantes ao movimento), isso tornará os civis mais desatentos cônscios da guerra civil social se desenrolando à frente de seus olhos e provocará uma declaração do governo/resposta na mídia. O governo, decerto, não estará em favor de nenhum movimento cujo objetivo é derrubá-lo e, portanto, será forçado a proclamar publicamente sua oposição a ele. Isso permite que o movimento retrate os acontecimentos de uma maneira que faça com que o governo pareça estar 'reprimindo' a oposição política. Essas acusações têm grande peso na esfera da opinião pública ocidental e podem servir para abalar o apoio ao governo entre civis em cima do muro.

III – Triângulo Profano

Este é o termo usado para descrever a interação entre as infraestruturas financeiro, social e treinamento. Elas se complementam umas às outras e, juntas, constituem o centro de poder e influência do movimento. O triângulo profano é a interação mais importante que existe dentro do movimento. Quanto mais forte cada uma das três unidades, mais forte o movimento se torna. Inversamente, se uma das pontas do triângulo profano for enfraquecida, o restante do movimento também se enfraquecerá. Esse enfraquecimento terá consequências nas infraestruturas informação e mídia (frutos do triângulo profano), abalando assim toda a operação da revolução colorida. Sem veículos de informação e mídia eficientes, o movimento murchará e, em última análise, se extinguirá.

A infraestrutura social é a ponta mais importante do triângulo profano, pois afeta os degraus dois a cinco. Logo, qualquer acontecimento negativo no financeiro e no treinamento (dos quais o social depende) reverberariam em todo o movimento. Embora a informação também afete o social, ela só aumenta o recrutamento. Recrutamento sem qualidade não serve para nada, ao passo que instituições/organizações sem financiamento não funcionam.

IV – Explicação das interações entre os fatores do movimento (m)

Degrau 1

Ideologia –> Financeiro: justificação para todo o projeto

Ideologia –> Social: motivação para que as pessoas se unam ao movimento

Degrau 2

Financeiro –> Social: provém fundos para novas instituições/organizações

Social –> Financeiro: mais tenentes podem significar mais ativistas arrecadando fundos

Financeiro –> Treinamento: paga por mais treinamento

Social –> Treinamento: mais pessoas são treinadas, faz do treinamento um evento frequente

Degrau 3

Treinamento –> Financeiro: ensina os tenentes a arrecadar fundos

Treinamento –> Social: aumenta a eficiência das atividades de disseminação, melhora a qualidade do pessoal

Degrau 4

Financeiro –> Informação: financia campanhas e recursos de informação melhores

Social –> Informação: conquista mais tenentes para realizar as campanhas de informação

Treinamento –> Informação: melhora a eficiência das campanhas de informação

Informação –> Social: ajuda a recrutar tenentes e civis simpatizantes

Degrau 5

Financeiro –> Mídia: financia a cobertura da mídia

Social –> Mídia: as instituições/organizações oferecem um assunto tangível e legítimo para pautar

Informação –> Mídia: os veículos de mídia usam as informações fabricadas pelas instituições/organizações

V – 'O acontecimento'

Uma revolução colorida só pode ser oficialmente iniciada após um 'acontecimento'. Esse acontecimento deve ser controverso e polarizador (ou ao menos retratado dessa maneira) e liberar toda a energia acumulada do movimento. O movimento manifesta-se fisicamente da maneira mais pública possível, e todas as suas partes atuam em sua máxima capacidade possível. O acontecimento é o 'chamado a público' do movimento e é o gatilho da revolução colorida.

Os acontecimentos são explorados seletivamente, podendo o movimento ignorar certo acontecimento se sentir que a infraestrutura necessária a uma revolução colorida bem-sucedida ainda não é suficiente. Logo, ele pode aguardar até que surja um novo acontecimento ou pode fabricar ou provocar um novo acontecimento. O movimento só é capaz de capitalizar com o acontecimento se houver praticado uma campanha de informação de sucesso. A infraestrutura de mídia pode ou não já estar totalmente erigida quando da decisão por explorar o acontecimento, uma vez que esse degrau está vinculado intimamente ao acontecimento em si. Pode ser que a infraestrutura de mídia não seja usada até depois do acontecimento em si, a fim de armar o cenário e preparar a psiquê pública para a revolução colorida. Tudo depende da situação em questão e da decisão do movimento e de seus patrocinadores.

Exemplos de acontecimentos incluem os seguintes:
- fraude eleitoral;
- prisão de um líder da oposição;
- aprovação (ou veto) de uma lei controversa;
- sanção do governo contra a oposição ou imposição de lei marcial;
- declaração de envolvimento ou envolvimento em uma guerra impopular.

As opções acima são só alguns dos exemplos do que pode ser o acontecimento. Não importa se esses acontecimentos ocorreram de verdade ou não. O que importa é como eles são percebidos, retratados e narrados para o público em geral. Alegações, e não provas, dos itens acima são o que mais importa para criar o catalisador para um acontecimento. Deve-se ter sempre em mente que o movimento pode provocar qualquer um desses acontecimentos (ou a falsa percepção de que eles ocorreram).

VI – Infraestrutura física

O acontecimento e a inauguração da infraestrutura física andam de mãos dadas. A infraestrutura física tem dois componentes:
1) o povo e seu engajamento físico ativo em apoio à revolução colorida;
2) objetos físicos e lugares e seu posicionamento/utilização estratégicos.

Esses dois componentes serão explicados em mais detalhes abaixo.

1 – Infraestrutura Física 1

O primeiro componente entra em movimento quando o núcleo toma a decisão de que os Tenentes e Civis simpatizantes tomem as ruas para demonstrar física e publicamente seu apoio à revolução colorida. Exemplos incluem o seguinte:
- atos de ocupação;
- aglomeração;
- manifestações e protestos.

Os exemplos eminentes supramencionados devem ser explorados mais a fundo:

a) Atos de ocupação

O movimento precisa 'ocupar' um local simbólico para ter um quartel-general visível ao público. Em muitos casos, este é a praça central da capital, e a ocupação pode ser em violação à legislação municipal. Se ela for ilegal, já cria um pretexto provocativo para o governo desmontar os acampamentos da ocupação e remover os manifestantes. Essa medida, se filmada e transmitida (seja pela nova mídia ou pela mídia tradicional), pode ser explorada na propaganda contra o governo e pode encorajar ainda mais o movimento. A 'ocupação' deve parecer espontânea, e, ainda que uma ocupação ou protesto espontâneo preexistente (que apoia as ideias da revolução colorida) se faça presente no local alvo, o movimento tirará proveito apoderando-se dele e usando essa ocupação/protesto pré-existente para destacar a espontaneidade da oposição contra o governo.

Acampamentos e palcos geralmente são montados na área ocupada tendo em vista que os manifestantes se entrincheirarão ali para uma estadia prolongada. É importante que a área selecionada seja ocupada 24/7, e um pequeno grupo de membros do núcleo geralmente se faz sempre presente em campo para comandar as atividades. Se o governo mobilizar-se contra a área ocupada pelos manifestantes, a prisão de membros do núcleo ali presentes também poderá ser um gatilho para que o protesto e desestabilização cresçam, em especial se os membros do núcleo forem administradores oficiais de uma instituição/organização 'pró-democracia'. Os membros do núcleo e tenentes também fazem a abordagem direta a novos participantes, alguns dos quais podem ser simples pedestres curiosos querendo entender os eventos se desdobrando no local simbólico. Isso permite que o movimento expanda ambas as infraestruturas física e social e aumente o número de civis simpatizantes.

O quartel-general na área ocupada geralmente servirá alimento e bebida aos civis simpatizantes. Isso tem dois propósitos. O primeiro é manter presença 24/7 no local, e o segundo é atrair mais civis simpatizantes em potencial. Ao demonstrar que está cuidando dos civis simpatizantes, o movimento aumenta seu poder brando e apelo entre a população. A distribuição de alimentos e bebidas também ajuda a atrair um público maior para participar da ocupação e de novos protestos.

b) Aglomeração

A revolução colorida não é nada sem uma grande multidão de apoiadores e, portanto, técnicas para conquistar essa multidão são da mais suma importância para a sobrevivência do movimento. Dois dos principais métodos empregados são os seguintes:

1) propaganda na nova mídia ou na mídia tradicional;
2) apelo à geração mais jovem (se 'divertir').

O movimento divulgará as ocupações para aumentar a ciência da população. O núcleo se comunicará com os contatos da infraestrutura de mídia (na nova mídia e na mídia tradicional) para ganhar exposição inicial, mas, com a aglomeração da multidão e/ou atos provocativos, eles atrairão a exposição de outros veículos de comunicação nacionais e internacionais. A criação de um sistema de informação alternativo (infraestrutura de informação) ajuda e muito na propaganda.

O apelo à geração mais jovem é de extrema importância para as revoluções coloridas, uma vez que a presença de muitos jovens dá ao movimento um aspecto jovem e enérgico contra um sistema estagnado e decadente (a maior parte dos governantes já tem certa idade). Esse contexto das gerações é muito forte e eficiente para destacar a 'novidade' dos ideais da revolução colorida contra as visões percebidas (e retratadas) como antiquadas da classe dominante no poder. A geração mais jovem tipicamente também não tem grandes responsabilidades econômicas, o que significa que os jovens têm mais tempo para participar dos atos durante o dia. Eles têm seus pais e outros familiares para sustentá-los, o que lhes permite o tempo livre necessário para interagir constantemente com o movimento e apoiá-lo e a suas manifestações físicas. Como já explicado, a área ocupada precisa de presença constante, e é mais provável que jovens em idade pré-universitários se mantenham com o movimento à noite do que aposentados ou adultos.

A geração mais jovem é atraída pela 'diversão' que emana da ocupação no local simbólico pelos manifestantes. A 'diversão' pode ser divulgada por alguns dos métodos a seguir:
- shows;
- músicas;
- presença de celebridades;
- esportes e outros jogos.

Os exemplos acima nem sequer precisam ser explicitamente políticos. O importante é que atraiam mais e mais jovens, e, independente deles se fazerem presentes por motivos políticos ou sociais, a mídia os retratará como apoiadores do movimento. A divulgação do caráter jovem da ocupação por esses métodos, bem como a exibição da presença de manifestantes jovens através das mídias nova e tradicional, atrairá mais gente daquela faixa etária. Mais importante ainda, a geração mais jovem não precisa ser da capital ou da região alvo da ocupação e protestos em massa. Em vez disso, ela pode vir (e geralmente vem) de todas as regiões do país para participar dos protestos.

c) Manifestações e protestos
Essas duas manifestações físicas são coordenadas e visam mostrar aos espectadores o apoio que a revolução colorida tem. Elas também

servem à finalidade de estimular os civis simpatizantes. Certo nível de infraestrutura organizacional já precisa estar nos eixos antes do início da revolução colorida para tirar proveito com eficiência das manifestações e protestos. Eis alguns exemplos do que precisa ser considerado e organizado antes das manifestações e protestos:

- os locais e rotas de encontro (incluindo seu simbolismo [ajudam na forma de retratar os eventos]);
- a hora(s) e o dia(s);
- possíveis barricadas contra a polícia;
- bandeiras/bandas/veículos tocando músicas nacionalistas (infraestrutura física 2);
- aonde as manifestações/protestos marcharão (geralmente à área ocupada ou a prédios do governo);

A realização de protestos e manifestações simultâneos com grande número de pessoas dificulta o papel da polícia em lidar com a situação. No mínimo, uma ou duas das manifestações chegarão ao local ainda que a polícia tente detê-las. As manifestações e protestos fazem com que o movimento pareça maior do que realmente é, e isso também atrai mais seguidores e desavisados. Atenção significativa da mídia é dada a esses eventos e, assim, ajuda a catapultar a mensagem do movimento para todo o país e, quiçá, o mundo. O núcleo, tenentes e civis simpatizantes sentem-se revigorados e parte de algo maior do que eles próprios. Ao difundir os atos como uma atividade do cotidiano, eles podem até mesmo atrair famílias. Quanto mais crianças envolvidas, melhor para a imagem do movimento.

A participação de figuras políticas pró-oposição diminui o risco de dispersão dos eventos pela polícia. Isso porque a polícia pode hesitar em prender uma figura política pública por medo de ser acusada de 'repressão à oposição', ainda que essas figuras tenham provocado uma resposta da polícia. Essas acusações podem levar a um grande burburinho internacional e abalar a legitimidade do governo. Greves de fome amplamente divulgadas, em especial entre indivíduos notórios da sociedade, também podem fazer com que o público veja o governo como responsável pelo sofrimento autoimposto pelos ativistas. Mais uma vez, o leitor deve-se lembrar que o que vale é *como* os eventos são retratados pelas novas mídias e tradicionais, e não o que realmente acontece. Se a infraestrutura de mídia for forte o bastante para convencer o público de que o governo está mesmo agindo com tirania e repressão, essa é a imagem que ficará no imaginário da população.

d) Papel das mídias sociais na infraestrutura física 1
As mídias sociais oferecem tanto segurança como um meio para a promoção da revolução colorida, propósitos esses que serão discutidos a seguir um a um.

i) Mídias sociais na segurança
As pessoas hoje têm acesso à internet e a dispositivos de filmagem na palma das mãos graças aos recentes avanços na tecnologia da telefonia celular. Ao filmar os protestos, os participantes estão atuando de modo a resguardar sua própria segurança diante contraofensivas do governo. As ações da polícia e do governo são amortizadas porque a filmagem de quaisquer representantes do governo praticando (ou percebidos como se praticando) violência contra os manifestantes mancharia gravemente a legitimidade e abalaria o apoio às autoridades governantes tanto dentro do país como no exterior. Ainda que a violência das autoridades seja provocada, a imagem de um manifestante desarmado sendo atacado por um policial encontra eco poderoso entre o público a que chega.

ii) Mídias sociais na promoção
A filmagem ininterrupta dos protestos (incluindo as atividades 'divertidas') permite que o núcleo e/ou as mídias nova e tradicional pratiquem técnicas de edição para retratar a situação em uma perspectiva positiva pró-oposição. O uso de *hashtags* no Twitter e de grupos no Facebook ajuda a organizar a cobertura e os comentários sobre o evento nas mídias sociais, tornando-o mais acessível

a simpatizantes e pessoas interessadas. Uma pessoa que compartilha uma cobertura pró-oposição ou *status/tweets* em sua própria rede social pode levar outras pessoas a compartilhá-los com seus amigos e assim sucessivamente. Isso provoca uma reação em cadeia nas mídias sociais que resulta em uma 'explosão popular' de interesse e apoio. O objetivo final é que o movimento se torne 'viral'.

e) Manifestantes como escudo humano do movimento

Os manifestantes, em especial civis simpatizantes, prestam-se inconscientemente ao papel de escudo humano do movimento. A presença de grandes grupos de civis desarmados blinda o núcleo e os tenentes contra a ação direta da polícia. Embora o governo possa tomar a decisão de levar sob custódia os organizadores e ativistas acampados na área ocupada, ele terá que desbravar um mar de civis para chegar aos culpados, em especial se a ocupação de um local central estiver acontecendo. Logo, o risco de casualidades involuntárias e dano colateral contra civis (em especial se o movimento incitar à violência contra eles) também cresce. Assim, o núcleo e os tenentes escondem-se com segurança atrás dos civis simpatizantes e os usam como escudos humanos inconscientes, colocando o governo em uma posição complicada de tomar ou não medidas contra os organizadores.

1 – Infraestrutura física 2

A segunda forma de infraestrutura física é mais tradicional, pois envolve palcos, megafones, faixas etc. São, portanto, objetos físicos usados durante as manifestações tangíveis da revolução colorida e as campanhas divulgadas, e parte deles está intimamente ligada à infraestrutura de informação. Tudo isso precisa ser preparado muito de antemão e nada é espontâneo. Por exemplo, os palcos que são montados no protesto e área(s) ocupada(s) precisam ser obtidos antes do início da revolução colorida, bem como as barracas e alimentos e bebidas adequados para os civis simpatizantes. Os palcos são montados antes dos protestos, e as barracas podem ser montadas antes ou durante eles. Não é possível obter tudo que é fisicamente necessário para uma revolução colorida de sucesso em cima da hora ou instantaneamente. Logo, redes de contato e esquemas prévios precisam ser criados de antemão. Esse aspecto logístico das revoluções coloridas, que geralmente passa por despercebido, contradiz suas alegações de 'espontaneidade'. Fotógrafos e *cameramen* cuidadosamente posicionados ajudam a retratar os eventos da maneira mais positiva possível para o movimento, assim como a colocação de cartazes e bandeiras da oposição e/ou nacionalistas. Materiais impressos para uso durante os protestos também precisam ser produzidos aos montes antes da decisão de dar início à revolução colorida, uma vez que suprimentos suficientes de propaganda precisam estar disponíveis para uso imediato. Bandeiras, faixas, camisas e outras ferramentas pró-revolução colorida visíveis precisam ser produzidas em massa para uso nos eventos públicos. Uma multidão de pessoas comuns sem nenhuma identidade visual que as unifique não tem o mesmo apelo que uma multidão que ostenta solidariedade com o movimento vestindo suas cores e seus símbolos.

Conclusões

A revolução colorida é um mecanismo complexo de muitas partes que operam simultaneamente. O movimento precisa erigir adequadamente suas seis infraestruturas antes do início da desestabilização pública e precisa de um acontecimento para cristalizar seu apoio e justificar suas ações aos públicos alvo. As infraestruturas físicas ajudam o movimento a ganhar tração e atenção e fazem com que a revolução colorida pareça popular e espontânea. Um entendimento adequado de todas as engrenagens de uma revolução colorida permitirá não só um melhor discernimento dessa nova tática de guerra sendo perpetrada contra governos soberanos, mas também identificar vulnerabilidades a explorar na elaboração de uma estratégia contrarrevolucionária eficiente.

II – O arco colorido*

Os especialistas em segurança democrática estão trabalhando duro para prever onde se dará o próximo surto de revoluções coloridas, mas quem tem algum conhecimento sobre geopolítica já consegue dar alguns palpites seguros. Olhando para o mapa da Eurásia, identifica-se um evidente arco de vulnerabilidade para revoluções coloridas que se estende diretamente da Europa Central à Ásia Central, percorrendo grande parte do que Nicholas Spykman chamou de 'rimland'. Este é descrito pelos territórios ao longo da periferia da Eurásia que, de acordo com a teoria de Nicholas Spykman, ocupam uma posição muito mais estratégica do que o próprio *heartland*. Mantendo esse entendimento, ele propôs o axioma "Aquele que controla o *rimland* governa a Eurásia; aquele que governa a Eurásia controla os destinos do mundo", e essa é justamente a batalha geopolítica que está sendo travada aos olhos do mundo hoje.

Embora o arco colorido não corresponda exatamente ao *rimland*, o *rimland* é parecido o suficiente com ele para que sirva de conceito para entender o modelo com precisão. Os dez diferentes Estados que compõem esse arco (Hungria, Sérvia, Macedônia, Grécia, Turquia, Armênia, Irã, Turcomenistão, Uzbequistão e Quirguistão) têm em comum não só o fato de serem vulneráveis à ameaça de uma revolução colorida, mas o fato de que uma operação para troca de regime bem-sucedida em qualquer um deles teria repercussões diretamente negativas para a política externa e estratégia mor da Rússia. A nível estratégico, eles podem

---

* Neste capítulo, o autor analisa possíveis desdobramentos dos conflitos em torno das estratégias de integração na Eurásia e da disputa por energia. Escrito em 2015, a análise dos países não possui os dados atualizados, por exemplo, dos conflitos que ocorreram na Turquia desde 2016. Entretanto, justamente, demonstram o acerto na análise, na mesma medida em que não prejudicam a compreensão da leitura. (N.E.)

ser categorizados em três subgrupos de ameaça contra a Rússia, incidentalmente correspondentes a suas posições geográficas, e cada um dos quais tem potencial para criar desestabilizações em efeito dominó dentro de sua esfera.

Este texto começa descrevendo as três categorias de Estado que compõem o arco colorido e, então, mergulha de cabeça para examinar suas características específicas. Esta seção investigativa examina cada uma dessas categorias separadamente, e a análise segue de forma estruturada. Em primeiro lugar, se investigará o conceito unificador que une cada um dos Estados membro da categoria, antes de discutir como cada um deles possui certas vulnerabilidades que podem ser exploradas realisticamente para fomentar uma revolução colorida. Por fim, cada uma das três seções categorizadas termina com propostas de solução para cada grupo estratégico e um breve parágrafo concludente que ata todas as ideias.

Categorização das crises de revolução colorida

Os Estados ao longo do arco colorido podem ser divididos em três categorias geográficas:
- grandes bálcãs: Hungria, Sérvia, Macedônia, Grécia;
- grande Oriente Médio: Turquia, Armênia, Irã;
- Ásia Central: Turcomenistão, Uzbequistão, Quirguistão.

Em grande parte, eles representam ameaças aos seguintes interesses estratégicos da Rússia:
- *ramo bálcã;*[*]
- harmonia entre as grandes potências;
- zona tampão.

Os dois casos especiais são a Turquia e a Armênia, uma vez que revoluções coloridas em seus territórios afetariam mais de um dos interesses estratégicos da Rússia (que serão descritos a seguir):

---

[*]   O ramo Balcã é o megaprojeto de gasoduto russo atravessando os balcãs centrais, ao mesmo tempo vinculando ao projeto chinês da nova rota da seda e constituindo-se em uma alternativa na rota de gás que atravessa a Ucrânia. (N.E.)

- Turquia: um golpe em Ancara poderia levar ao poder uma administração anti-Rússia que entraria em conflito com Moscou, resultando assim no inevitável fim do *ramo bálcã*.

- Armênia: uma mudança de regime em Erevan poderia ser usada para proclamar uma guerra de continuação em Nagorno-Karabakh, que poderia se tornar o catalisador não somente para uma nova rivalidade entre as grandes potências Rússia, Turquia e Irã, mas também para uma intervenção militar russa arriscada.

Tendo assim definido as três conceituações de ameaça que interconectam os países do arco colorido, faz-se necessário agora descrever cada uma delas em detalhes.

Neutralizar a contraofensiva multipolar

Conceito

O *ramo bálcã* é a melhor oportunidade possível para libertar a Europa do mundo unipolar e disseminar a multipolaridade no coração do continente, representando assim uma grande contraofensiva assimétrica por parte da Rússia capaz de dar início a uma mudança de longo prazo no equilíbrio geopolítico mundial. Por essas razões, contudo, os Estados ao longo desse curso sofrem maior risco de desestabilização pelos EUA, que está determinado a ver o projeto desmoronar tal como seu predecessor, o ramo sul. Washington planeja incitar o caos em cada um dos Estados do *ramo bálcã* da seguinte maneira.

Vulnerabilidades Exploráveis

Hungria

O Ocidente vem perpetrando uma campanha de demonização contra o Primeiro-Ministro Viktor Orbán em resposta a suas políticas independentes assertivas *vis-à-vis* a política entre blocos da UE e seu antagonismo externo contra a Rússia. John McCain difamou o líder húngaro chamando-o de "ditador neofascista", e, não faz muito tempo, o líder da Comissão da UE Jean-Claude Juncker deu eco a esse sentimento também chamando-o de "ditador". O *New York Times* abraçou o *zeitgeist* ocidental contra Orban rotulando-o de "ditador brando" ao lado dos 'inimigos' do Ocidente Putin e Erdoğan. A esta altura, é óbvio que qualquer movimento para troca de regime 'pró-democracia' que venha a ser implantado no país teria total apoio do Ocidente e supostamente seria construído com base na infraestrutura social pré-estabelecida durante o ensaio para revolução colorida no final do ano passado.

Sérvia

Este país no centro dos Bálcãs encontra-se em situação sensível no tocante a uma revolução colorida, uma vez que, no cenário mais provável, influência estadunidense encoberta sequestraria a resistência contra o governo. O Primeiro-Ministro Aleksandar Vučić pode acabar provocando a tomada em massa das ruas caso tente modificar a constituição para excluir o Kosovo ocupado como parte integrante da Sérvia e/ou caso tente prender novamente Vojislav Šešelj, que goza de apoio populista em determinados círculos politicamente ativos. Qualquer um desses dois movimentos poderia deflagrar um processo civil que rapidamente sairia de controle e correria o risco de ser sequestrado por uma revolução colorida.

Isso acontecendo e um novo governo subindo ao poder, o substituto de Vučić se submeteria a inclinações nacionalistas, graças às condições em que a troca de governo teria ocorrido (isto é, revolta contra as políticas de Vučić sobre o Kosovo e Šešelj). Isso significa que os EUA poderiam usar com mais facilidade provocações Kumanovescas externas em Sanjaco ou no Vale de Presevo para instigar uma investida sérvia além da fronteira contra o Kosovo ocupado, com todas as repercussões militares estadunidenses consequentes. Não só isso, mas se um governo hipernacionalista vier a assumir o poder em Budapeste após uma revolução colorida de sucesso, os EUA também poderão experimentar uma desestabilização em Vojvodina, tudo com a intenção de preparar terreno para uma segunda Guerra da OTAN contra a Sérvia.

Macedônia

O autor já escreveu muito sobre a vulnerabilidade da Macedônia a revoluções coloridas e já previu alguns cenários, tendo sido um dos poucos analistas políticos a prever a crise atual ainda em março em seu artigo "The Future Of The Balkans Runs Through Macedonia ["O futuro dos bálcãs passa pela Macedônia]. Para analisar a situação atual, Zoran Zaev, autoridade simbólica da revolução colorida, tentou pateticamente dar o pontapé inicial a seu movimento para troca de regime no dia 17 de maio, o que acabou tão somente envergonhando a ele e seus apoiadores frente aos quase cem mil cidadãos que deram as caras para a contramanifestação patriota no dia seguinte. Isso foi logo em sequência ao ataque terrorista que sacudiu o país na semana anterior, que foi claramente uma tentativa complementar de desestabilizar o governo antes da inauguração da revolução colorida. Devido à geografia do *ramo bálcã*, o futuro dos Bálcãs atravessa literalmente a Macedônia, daí por que a desestabilização contra a contraofensiva multipolar da Rússia começou por esse país (o que é discutido em mais detalhes no artigo do autor "US-Russia Round Three: Macedonia" ["EUA vs. Rússia terceiro *Round*: Macedônia"]). No momento, o povo se saiu bem em repelir a tentativa para troca de regime, muito embora, por conta disso, não deva-se chegar à conclusão precipitada de que os EUA aceitaram a derrota e não estão planejando uma forma de retaliação assimétrica.

Grécia

A situação política atual na República Helênica é muito instável porque os cidadãos encheram-se de esperanças fora da realidade com a mensagem antiausteridade de seu governo.

É extremamente provável que a situação financeira atual no país forçará à quebra de alguma de suas promessas anteriores, levando inevitavelmente a algum segmento da população sentir- -se abandonado e possivelmente até mesmo canalizar sua raiva protestando nas ruas. Interessantemente, esse modelo repete a situação em Cuba por trás do acordo de rendição Obama-Raul (consulte, do autor, "The Obama-Raul 'Deal Exposed: How Cuba Surrendered Without A Shot" ["O acordo Obama-Raul desmascarado: como Cuba se rendeu sem um único tiro"] para um melhor contexto) e no Irã no que se refere ao pré-acordo nuclear (com previsões feitas pelo autor em "Risk Analysis: The Downside To Potential Iran-US Nuclear Deal" ["Análise de risco: a desvantagem de um possível acordo nuclear entre Irã e EUA"]) porque qualquer soluço 'inesperado' nesses processos complicados ou visto como retrocesso às promessas (assumidas) pelo governo poderia 'justificar' uma tentativa de revolução colorida pela multidão enfurecida.

O cenário de revolução colorida na Grécia poderia assumir verdadeiramente a forma de concessão da Syriza a algum tipo de austeridade até o verão, sendo assim acusada de ter 'se vendido' por um público verborragicamente indignado. A reação adversa consequente poderia provocar eleições repentinas, com a derrota da coalizão governante liderada pela Syriza, o que em si e por si só já poderia paralisar a participação do país no *ramo bálcã*. Como fator adicional, qualquer crescimento de popularidade da Aurora Dourada em detrimento do Syriza poderia até mesmo criar as condições para uma tensão doméstica exacerbada entre ambos os grupos, o que poderia até mesmo preceder uma crise em pequena escala. Não é preciso nem dizer que quanto mais os gregos se dividirem e seu governo permanecer incapaz de funcionar ade- quadamente, menos provável é que qualquer esforço para o *ramo bálcã* siga adiante, blindando e amurando assim efetivamente o projeto, tal como na Bulgária antes, embora sob circunstâncias e pressões diferentes.

Soluções

A maneira mais eficiente para os países dos Grandes Bálcãs ao longo do arco colorido contra-atacarem uma ameaça de desestabilização iniciada pelos EUA contra eles é integrar-se mais estreitamente por meio da estrutura do corredor balcânico já tratada pelo autor em "A New Strategic Calculus For The Balkans" ["Um novo cálculo estratégico para os bálcãs"). Esse conceito foi proposto em um artigo anterior, no qual o autor recomenda fortemente que os países do *ramo bálcã* coordenem-se estrategicamente para reforçar melhor suas defesas contra uma troca de regime e agressão albanesa (consultar o artigo do autor "The Gears Of War Grind For Greater Albania" ["As engrenagens da guerra rangem por uma grande Albânia"] para mais informações a respeito). Os países examinados devem manter sua resistência à unipolaridade e sentir-se encorajados por medidas apoiadoras (e não só palavras!) da comunidade multipolar, tais como investir em infraestrutura e negócios ao longo da rota da seda balcânica da China (descrita mais a fundo na publicação anterior do autor sobre "How China's Balkan Silk Road Can Resurrect South Stream" ["Como a rota da seda balcânica da China pode ressuscitar o ramo sul].

Complementando, a Rússia também deveria encontrar uma forma de garantir que a Grécia não decrete nenhuma forma de austeridade, do contrário esse governo pragmático favorável ao *ramo bálcã* seria gravemente ameaçado por uma possível agitação colorida (conforme explicado acima). Como recomendação política extra, é altamente aconselhável que o governo da Sérvia deixe de lado suas conversas sobre mudar a constituição para omitir referências ao Kosovo, uma vez que seguir adiante com essa proposta é uma forma mais do que garantida de incendiar o eleitorado e aumentar os riscos de desestabilização doméstica. Além disso, o governo da Sérvia também não deve de maneira alguma fazer nenhum movimento contra Šešelj, uma vez que isso também desencadearia uma resposta da sociedade civil contra o governo.

Redirecionar a hostilidade de grandes potências contra a Rússia

Conceito

A Rússia é capaz de proteger seu flanco sul contra conflitos convencionais graças à harmonia estratégica que conquistou com a Turquia e o Irã, as duas grandes potências mais imediatas nessa direção cardinal, e, além disso, as duas com legados históricos na região. Esses legados referem-se, mais especificamente, às conquistas passadas dos otomanos na Crimeia e no Cáucaso, e à tradição persa no Cáucaso e Ásia Central. Hoje, essas duas grandes potências contemporâneas são pragmáticas em relação à Rússia e não fizeram nenhum movimento que indique que estejam seriamente pretendendo travar uma disputa inamistosa ou rivalidade cabal contra a Rússia nesses ex-territórios soviéticos.

Esse equilíbrio de interesses pode vir a mudar, é claro, se uma revolução colorida tiver sucesso em varrer seus governos atuais do poder. No caso da Turquia, ela pode tentar redirecionar suas ambições neo-otomanas do Oriente Médio para os Bálcãs, o Cáucaso e a Crimeia, o que arruinaria então o *ramo bálcã* (ou possivelmente levaria ao replanejamento da rota original para uma rota politicamente neutra ao longo do TAP* e sob o Mar Adriático até a Itália), aumentaria o risco de um confronto Rússia-OTAN no Mar Negro e desestabilizaria o Cáucaso. Quanto ao Irã, o Ocidente amaria do fundo do coração que ele deixasse o golfo de lado e passasse a se concentrar no Cáucaso e na Ásia Central, essa última é mencionada explicitamente no artigo do autor sobre como "The Hoagland-Blinken Doctrine Is Washington's Updated Plan For Central Asia" ["A doutrina Hoagland-Blinken é o plano atualizado de Washington para a Ásia central"], que relata como os dois experientes diplomatas estadunidenses teceram breves declarações sobre o apoio dos Estados Unidos a um papel aprimorado do Irã na região dadas as devidas condições (entendidas como

---

* Trans Adriatic Pipeline, projeto de gasoduto desde a grécia, atravessando a Albânia, até a Itália. (N.E.)

pós-troca de regime ou reviravolta política). O objetivo de longo alcance em ambos os casos é que as duas grandes potências tornem-se procuradores liderados de forma velada para abalar a arquitetura de segurança que a Rússia construiu cautelosamente ao longo de sua margem sul (consulte o artigo do autor "Lead From Behind: How Unipolarity Is Adapting To Multipolarity" ["Liderança velada: como a unipolaridade está se adaptando à multipolaridade] para mais detalhes sobre esse conceito).

O motivo pelo qual a Turquia, membro da OTAN, está sendo visada é porque Erdoğan continua seguindo cada vez mais rumo a um pivô eurasiático (explicado mais plenamente no artigo do autor "Is Turkey Moving Towards A Full Eurasian Pivot?" ["Estaria a turquia mobilizando-se rumo a um pivô eurasiático completo?"]), apesar de ser formalmente um membro da aliança e compartilhar interesses beligerantes conflitantes com esta na Síria. A investida para criar um complexo militar industrial totalmente doméstico também poderia ser interpretada como um passo nessa direção. O Irã, por outro lado, vem se defendendo contra as agressões do Ocidente desde a Revolução Islâmica de 1979, mas o recente estreitamento de laços entre ele e o Ocidente pode inadvertidamente abrir caminho para um redirecionamento geopolítico. Esse esquema ambicioso poderia ser facilitado por mecanismos semissecretos para troca de regime (ONGs, campanhas de informação etnicamente divisórias etc.) que poderiam infiltrar-se muito mais facilmente no país durante a futura 'idade de ouro' das relações Ocidente-Irã. A seguir, uma análise sobre como o Ocidente poderia promover uma revolução colorida em cada uma das duas grandes potências

Vulnerabilidades Exploráveis
Turquia
Gülen

Há um sem-número de motivos por trás da revolta doméstica legítima e justificada expressa contra Erdoğan, sendo dois dos eventos mais significativos os protestos no Parque Gezi e a profusão dos escândalos das escutas. Juntos, esses eventos altamente divulgados (e altamente reprimidos) dividiram os turcos e cristalizaram o movimento contra o governo, alguns membros desse movimento suspeitos de estar mancomunados com Fethullah Gülen, exilado nos EUA, um crítico feroz de Erdoğan e fundador de sua própria organização pseudorreligiosa e de sua própria rede de escolas internacionais. O governo turco vem pressionando governos aliados a fechar essas chamadas "escolas de Gülen" por supostas questões terroristas, e, embora isso possa ser justificado, também é possível que Erdoğan esteja com medo de que elas ampliem a rede internacional para troca de regime (que já vem sendo construída há bem mais de uma década). Ironicamente, as escolas de Gülen podem se tornar para a Turquia o que a Turquia é atualmente para a Síria, ou seja, um baluarte terrorista contra o Estado com vistas a uma troca de regime violenta. Também há receio de que seus membros formem seu próprio Estado paralelo *à lá* Gladio por infiltração nas instituições do governo.

Esquerda

Logo a seguir na lista de vulnerabilidades para troca de regime na Turquia vem a miríade de grupos de esquerda dedicados a derrubar o governo. A Turquia viveu uma enxurrada de atos terroristas envolvendo essas organizações (e outras de diferentes inclinações políticas, vale lembrar) nos anos 1970-1980, e o mais recente ataque terrorista notório no país em março foi praticado por um famigerado grupo de esquerda. Logo, embora esses movimentos estejam à margem da política e sem muito apoio da sociedade civil, eles ainda assim são capazes de produzir manchetes, chamando a atenção da população e comprovando sua convicção em travar guerra contra o Estado. Em cenários futuros, eles podem compor a vanguarda de uma ação violenta com vistas à troca de regime na Turquia, quiçá vinculando-se às dezenas de milhares de cidadãos legitimamente insatisfeitos durante um futuro protesto *à la* Parque

Gezi e usando as massas como 'escudo humano' (com ou sem o consentimento dos próprios civis) para se ocultar na orquestração de ataques futuros. Mesmo que não trilhem esse caminho, eles ainda podem ser uma grande força de desestabilização se decidirem dar início a uma guerra terrorista em larga escala na Turquia.

Curdos

Por último, mas definitivamente não menos importante, estão os grupos armados curdos lutando por autonomia e/ou independência. Embora uma trégua temporária tenha sido assinada com o Partido dos Trabalhadores do Curdistão (PKK), uma trégua permanente continua fugaz, representando a maior de todas ameaças à estabilidade geral e à integridade territorial na Turquia. Os EUA se aproveitaram disso tentando criar um Estado curdo independente *de facto* no Norte do Iraque, com a intenção derradeira de usá-lo para exercer influência direta nas regiões habitadas por curdos no sudeste da Turquia caso Ancara decida guinar para a Eurásia. Visto que hoje os curdos compõem quase um quinto da população do país, um levante irredentista em larga escala na Turquia organizado pelo Curdistão iraquiano poderia puxar as rédeas de qualquer curso de ação política independente (Não Ocidental) que Erdoğan tentasse tomar. Os curdos também estão se tornando uma força política cada vez mais importante, o que significa que, se a questão curda não for apaziguada na política turca em breve, o tempo e a demografia criarão uma massa considerável de sentimento separatista que previsivelmente dividirá o país.

Híbrido

Analisando todas as três vulnerabilidades para revolução colorida, a situação mais aterrorizante para o governo turco seria se todas as três unissem forças para derrubar o governo. Os curdos já têm experiência considerável em campo de batalha na luta armada contra Ancara (e suas recentes façanhas na Síria e no Iraque só os fortalecem), e uma aliança com suas contrapartes de esquerda (a própria PKK é um grupo de esquerda) poderia aumentar o apelo de sua causa entre os não curdos. Não só isso, mas a combinação de forças também poderia intensificar a desestabilização que ambos os atores são capazes de produzir na incitação à agitação doméstica, ou antes ou durante uma tentativa de revolução colorida. O movimento de Gülen poderia expandir a base dos revolucionários coloridos de esquerda curdos ao integrar pessoas de orientação islâmica da sociedade turca, o que então representaria uma mistura curiosa porém eficaz de atores desestabilizadores capazes de sobrepujar realisticamente o Estado. Cada um desses três componentes tem visões diametralmente divergentes para o que viria após uma operação para troca de regime bem-sucedida, mas poderia realisticamente deixar suas diferenças para mais tarde no interesse conjunto de chegar primeiramente à derrubada do governo (tal como fez a miscelânea de grupos do EuroMaidan antes deles).

Antes de concluir este segmento, vale sublinhar mais uma vez que nem toda resistência ao governo de Erdoğan indica uma revolução colorida, embora seja bem possível que expressões legítimas de sentimento contra o governo (como no Parque Gezi) possam ser usurpadas por qualquer um dos movimentos supramencionados para mobilizar o povo com vistas ao objetivo final de apoiar os interesses dos EUA em detrimento aos da Turquia (à semelhança do que fez a Irmandade Muçulmana no Egito em 2011).

Irã
As consequências de um pré-acordo nuclear

A grande dúvida rondando a política doméstica do Irã no momento é sobre quais serão as consequências do pré-acordo nuclear, pressupondo que nada surja no meio do caminho para descarrilar o cronograma antes de mais nada. Alguns segmentos da população iraniana nutrem esperanças fora da realidade acerca dos benefícios que o acordo traria, e se ele vier a frustrar as altíssimas expectativas de crescimento nos padrões de vida (ou, como mencionado, se alguma questão 'inesperadamente' retardar ou sabotar sua implementação, seja antes ou depois do acordo), pode ser que ocorram manifestações públicas contra o governo.

Isso por si só não é motivo para temer, mas, se os organizadores tiverem ligações com as ONGs e/ou organizações de inteligência ocidentais, eles podem se sentir motivados a intensificar violentamente a situação para provocar um segundo *round* da tentativa de "Revolução (Colorida) Verde" de 2009. Os manifestantes podem acabar sendo recebidos inesperadamente com entusiasmo por alguns setores da sociedade se o evento desestabilizador for programado para coincidir com a infiltração branda de ONGs pró-Ocidente e campanhas de informação contra o governo, que, decerto, uma hora ou outra acompanharão qualquer estreitamento de laços com o Ocidente.

'Revolução Verde' Parte II

É difícil precisar o impacto que uma segunda tentativa de revolução colorida no Irã poderia causar, mas não é difícil prever que, muito provavelmente, ela esteja sendo planejada neste exato momento. A 'Revolução Verde' original de 2009 foi um aquecimento para aperfeiçoar as táticas que seriam empregadas dois anos mais tarde para derrubar os governos da Tunísia e do Egito. Sendo assim, ela não foi lá um total fracasso como a mídia fez parecer. As revoluções coloridas em larga escala da 'Primavera Árabe' e as 'inovações' táticas contínuas, sendo testadas na Síria (usando a violência de identidade para pôr em movimento uma revolução colorida fracassada), demonstram que esse método para troca de regime é a escolha atualmente preferida dos Estados Unidos para remover governos não submissos.

A 'justificativa' divulgada para reiniciar um movimento ativo contra o governo no Irã deve ser tal que dê as aparências de inclusão e apelo teórico a todos os iranianos. É aí que as consequências sociais negativas do pré-acordo nuclear entram em jogo, visto que elas constroem o mito de resistência consensual contra o governo, ludibriosamente plausível para a comunidade internacional e alguns cidadãos do próprio país. Para que dê certo, contudo, ou ao menos semear caos doméstico suficiente com vistas a distrair o Irã para que ele não flexibilize por inteiro sua política externa independente, uma segunda 'Revolução Verde' precisaria utilizar vanguardas étnicas das comunidades azeris e/ou curdas.

Azeris/curdos

A chave para a desestabilização externa do Irã está em manipular minorias estratégicas dentro do país, em especial os azeris e os curdos. A começar pelo primeiro grupo, os azeris respondem por quase 25% de toda a população iraniana e estão fortemente concentrados ao longo das fronteiras norte e oeste. Embora largamente inseridos na sociedade e cultura iranianas, eles ainda mantêm algum grau de separatismo em função de sua identidade histórica, e é precisamente através da manipulação da memória histórica (por exemplo, as duas ideias complementares de 'Azerbaijão Sul' e 'Grande Azerbaijão') que o Ocidente pode acionar as engrenagens para a desestabilização do Irã de dentro para fora.

Não é nem sequer importante para o Ocidente se o governo do Azerbaijão seria ou deixaria de ser cúmplice nessa trama porque a ocorrência de uma 'primavera' azeri seria psicologicamente impactante o bastante para obter forte resposta social no território do Azerbaijão, quiçá até mesmo na forma de 'combatentes voluntários'. Se segmentos ruidosos da população do Azerbaijão apoiarem essa tentativa de revolução colorida/guerra não convencional etnicamente afim, mas o governo for contra, isso poderá criar um dilema para Baku, uma vez que as autoridades seriam forçadas a adotar fortes sanções domésticas para evitar o desabrochar de uma crise internacional de grandes proporções. Assim, os EUA conseguiriam cumprir seu objetivo duplo de desestabilizar tanto o Irã como o Azerbaijão ao mesmo tempo.

A situação com os curdos iranianos é um pouco diferente porque, à diferenças dos azeris, alguns deles já demonstraram sua vontade em rebelar-se violentamente contra o governo. Uma matéria pouco divulgada de maio de 2015 mostrou como os curdos em Mahabad próximos à fronteira com o Curdistão iraquiano estavam ensaiando vários motins e estavam à beira de uma revolta generalizada. Vale lembrar também que, como foi dito acerca da Turquia, os curdos iraquianos estão sendo usados como procuradores dos EUA para desestabilizar os países no entorno onde residem seus compatriotas étnicos (Turquia, Irã e Síria), e sua experiência no combate contra o ISIS muniu-os de treino militar básico em tempo real de que eles jamais teriam usufruído em outros contextos. Não se deve desconsiderar, portanto, que alguns dos elementos curdos pró-EUA na região exerceram papel em incitar a dissidência violenta.

O Irã provavelmente não divulgou os eventos porque está ajudando os curdos iraquianos em suas operações anti-ISIS (nas quais Teerã também tem interesse) e entende que nem tudo isso pode estar inserido no estratagema de divisão étnica dos EUA. Eles compreensivelmente veem isso como um movimento dos EUA para semear a divisão entre os dois aliados anti-ISIS a fim de criar uma lacuna estratégica que os EUA viriam a explorar no futuro. Por sua vez, os EUA também estão relutantes em chamar atenção para a violência, apesar de ser por um motivo completamente diferente. Washington está 'oficialmente' tentando reatar laços com Teerã e, embora apoiar a insurreição étnica seja absolutamente contrário às mensagens públicas de 'confiança' e 'amizade' que vem transmitindo nos últimos meses, ainda deseja manter essa fachada diplomática para a comunidade internacional como um todo. Logo, supõe-se que os EUA estejam usando os últimos acontecimentos tanto como teste para uma desestabilização futura afiliada com os curdos dentro do Irã quanto como meio de exercer pressão contra o governo antes do prazo para o pré-acordo nuclear.

Híbrido

O cenário mais desestabilizador que os EUA poderiam desejar no Irã combina cada um dos três elementos previamente descritos de vulnerabilidades para revolução colorida. Idealmente, os EUA chegariam a um acordo nuclear de verdade com o Irã até o fim de junho, seguido pela aplicação gradativa de várias sanções. À medida que as esperanças da população fossem chegando ao ápice, os EUA e seus aliados ocidentais encontrariam, como é de esperar, um jeito de acusar o Irã de violar o acordo para que uma ameaça ou reimplementação real de sanções pudesse ocorrer. Se programado certinho para coincidir com certos acontecimentos domésticos (por exemplo, eleições, escândalos, expansão branda do nacionalismo azeri/curdo via apoio do Ocidente etc.), isso poderia lançar a fagulha necessária para incendiar a pré-planejada Parte II da 'Revolução Verde' e o envolvimento dianteiro das duas minorias estratégicas no país. Isso se tornaria uma ameaça ainda mais pungente se os EUA conseguissem primeiramente desbancar a influência iraniana no Curdistão iraquiano e transformar o território em uma base de operações frontal para lançar uma guerra não convencional de filiação étnica contra seus vizinhos (no caso, Irã e Turquia). A combinação de desapontamento predominante com o governo (em razão de 'promessas quebradas' e esperanças não correspondidas com o badalado acordo nuclear), uma revolução colorida se cristalizando e distúrbios étnicos ao longo da fronteira do Irã (apoiados por um Curdistão irredentista pró-EUA) poderia criar uma espiral de caos explorável que imporia um sério desafio a conter.

Soluções

Ambos a Turquia e o Irã têm suas próprias particularidades que fazem deles suscetíveis a ameaças de revolução colorida, mas o principal fator que os une é o objetivo maior dos EUA de integrar o movimento para troca de regime a uma guerra não convencional afiliada com os curdos. Visto que isso representa o ápice da desestabilização orquestrada pelos EUA, é necessário evitá-lo a qualquer preço. Por essa razão, a Turquia e o Irã devem encontrar formas conjuntas de neutralizar a influência dos EUA no Curdistão iraquiano a fim de fazer com que este deixe de ser transformado em uma 'nova Israel' de expansionismo regional pró-EUA. Não se sabe exatamente quais medidas seriam taticamente necessárias para concretizar esse trabalho hercúleo, mas, no campo estratégico, ambos os países devem lançar mão de tudo quanto puderem para garantir a integridade territorial do Iraque e fazer esforços positivos (acordos comerciais e de energia, por exemplo) com vistas a um Curdistão autônomo. Os curdos iranianos, que são significativamente mais pró-governo do que suas contrapartes turcas, também poderiam ser usados como emissários *de facto* para conquistar confiança e cooperação com seus semelhantes do outro lado da fronteira e corroer a influência estadunidense estabelecida sobre o grupo étnico. Contanto que o fator guerra não convencional curda permaneça neutralizado, ambos a Turquia e o Irã manterão vantagens excepcionalmente grandes em derrotar qualquer tentativa de revolução colorida que os EUA tentem lançar contra eles.

Arrastar a Rússia para a guerra

Conceito

As ex-Repúblicas Soviéticas da Armênia, Turcomenistão, Uzbequistão e Quirguistão são de extrema fragilidade doméstica, cada uma delas mantendo-se firme graças somente a alguns poucos elos políticos. Como será explicado, sua natureza intrínseca faz delas excepcionalmente fáceis de desestabilizar sob diferentes conjuntos de condições pré-fabricadas, e o maior perigo é que a desordem doméstica delas arraste a Rússia involuntariamente para um atoleiro na medida em que tenta conter o caos em expansão. O cenário de caos fabricado pelos EUA sendo usado para encurralar a Rússia física e estrategicamente já foi testado com sucesso estarrecedor durante a intervenção soviética no Afeganistão, e é previsível que os EUA ainda tentarão lançar mão desse estratagema por várias vezes no futuro próximo.

Afinal de contas, pode-se afirmar com convicção que a Guerra de Kiev no Leste da Ucrânia apoiada pelos EUA foi elaborada justamente para isso, embora tenha fracassado em provocar a resposta convencional que esperava da Rússia. Ainda assim, é muito provável que as ex-repúblicas soviéticas supramencionadas possam tornar-se 'novas Ucrânias' na tentativa de atrair a Rússia a uma conflagração desastrosa e/ou prolongada. O autor já dissertou sobre essa tática e a chamou de 'Retorno de Brzezinsky' em seu artigo "The Reverse Brzezinski: The Ultimate Eurasian Dilemma" ("Retorno de Brzezinski: o decisivo dilema eurasiático"), precisamente porque ela remete às raízes da antiga estratégia do conselheiro de Segurança Nacional de encurralamento geoestratégico da Rússia. Dito isto, o restante da seção detalhará como cada um desses países poderia potencialmente tornar-se a mais recente versão do 'Afeganistão Soviético' com um plano secreto dos EUA para a implementação de revoluções coloridas.

Vulnerabilidades Exploráveis

Armênia

O Estado do Sul do Cáucaso é conhecido por ser um aliado próximo da Rússia na Organização do Tratado de Segurança Coletiva (OTSC), porém vem demonstrando uma atração desconfortável pelo Ocidente desde o início de 2015. O autor relatou isso em minúcias em sua exposição *online* "Are Armenia and Belarus Wandering Westward?" ("Estariam a Armênia e a Bielorrússia rumando para o Ocidente?"), mas, para resumir, Erevan está sendo induzida a guinar para o Ocidente graças às desavenças cada vez mais públicas da comunidade com a Turquia, ao apoio vociferante para o reconhecimento do genocídio armênio e à sedução da rentável 'integração euro-atlântica' que o Ocidente oferece frente a um país economicamente sedento (apesar de membro da União Eurasiática). Devido à situação econômica pavorosa no país e às tensões cada vez mais frequentes com o Azerbaijão sobre Nagorno-Karabakh, o povo está se tornando cada vez mais predisposto ao nacionalismo, o que poderia ser ameaçadoramente usado a uma maneira semelhante ao EuroMaidan para instigar uma juventude facilmente impressionável a lutar contra o governo.

Uma troca de regime em Erevan provavelmente colocaria um governo nacionalista no poder aos moldes da Ucrânia, o que levaria o país a uma guerra de continuação desastrosa em Nagorno-Karabakh (detalhado mais a fundo no artigo do autor "Nagorno-Karabakh And The Domino Destabilization Of Disaster" ["Nargono-Karabakh e a Desestabilização em Efeito Dominó para o Desastre"]). Além de ser o catalisador para uma rivalidade renovada entre as grandes potências Rússia, Turquia e Irã (cada uma das quais reagiria e possivelmente brigaria para resguardar/promover seus interesses nesse pequeno espaço geográfico), isso também poderia envolver perigosamente a base militar russa em Guiumri, o que aceleraria o processo de resposta e possivelmente exigiria uma presença mais forte da Rússia para reforçar suas defesas. O problema é que a Rússia não quer se meter no meio de nenhum conflito externo e tudo que deseja é manter a paz fria entre Armênia e Azerbaijão uma vez que isso serviria como solução diplomática para Nagorno-Karabakh. No entanto, com um governo de revolução colorida pró-EUA em Erevan, este poderia rapidamente criar os pretextos militares para uma guerra renovada que previsivelmente envolveria a Rússia de um jeito ou de outro, não importa o quanto Moscou tentasse evitar.

Turcomenistão

O misterioso país centro-asiático do Turcomenistão é um componente central na estabilidade estratégica Rússia-China-Irã.

Em um artigo anterior do autor intitulado "Turkmenistan As The Three-For-One Staging Ground For Eurasian Destabilization" ("Turcomenistão: três pelo preço de um para a desestabilização da eurásia"), foi descrito como Asgabate encontra-se no centro dos interesses energéticos da China, de segurança imediata do Irã e de profundidade estratégica da Rússia, o que significa que uma grande desestabilização lá teria repercussões imediatas nas três âncoras multipolares da Eurásia. Infelizmente, os riscos de agitação doméstica são um tanto altos no Turcomenistão, o que pode ser atribuído a suas peculiaridades geopolíticas e domésticas.

O Estado poderia sofrer um processo de troca de regime caso o Talibá adotasse táticas *à la* ISIS e invadisse o Turcomenistão. O caos que isso traria seria difícil de suprimir porque a neutralidade permanente do país significa que ele não se beneficiaria da assistência militar multilateral que poderia ser obtida via ingresso na Organização do Tratado de Segurança Coletiva (OTSC) ou Organização para a Cooperação de Xangai (OCX).[*] Logo, se o Talibá cruzar a fronteira turcomena com a mesma presteza que o ISIS cruzou a iraquiana (e a situação geográfica similar dita que isso é inteiramente viável), as autoridades perderiam facilmente o controle da fronteira, enfraquecendo assim sua influência sobre as principais cidades e facilitando o sucesso de qualquer tentativa de revolução colorida complementar. Com isso, a operação para troca de regime híbrida seria ironicamente realizada às avessas, começando com uma guerra não convencional, só então seguida por uma revolução colorida. Basta dizer que uma insurreição combinada Talibá + revolução colorida no Turcomenistão não só atrairia a atenção da Rússia, mas também a do Irã e da China, o que significa dizer que ele poderia muito bem acabar por tornar-se o calcanhar de Aquiles da Eurásia se gerido 'corretamente' pelos EUA.

---

[*] Organização política, econômica e militar formada por China, Cazaquistão, Quirguistão, Rússia, Tadjiquistão,Uzbequistão, Índia e Paquistão. (N.E.)

Uzbequistão

Esse Estado-civilização antiga faz fronteira com todas as outras ex-repúblicas soviéticas da Ásia Central e tem a maior população de todas elas, fazendo dele assim um peso pesado geopolítico na influência dos assuntos da região. Embora o Uzbequistão procure tirar proveito dessas características na promoção de seus interesses e na competição com o Cazaquistão pelo papel de potência regional, uma rápida liquefação da lei e da ordem nesse Estado centralmente posicionado poderia resultar no fim de suas aspirações de liderança e na disseminação do caos destrutivo aos Estados periféricos mais frágeis do Turcomenistão, Quirguistão e Tajiquistão. O autor publicou sua análise a esse respeito em outubro de 2014, mas "Uzbekistan's Bubbling Pot of Destabilization" ["O borbulhante caldeirão de desestabilização do Uzbequistão"] continua excepcionalmente atual. Em resumo, afirma-se que Karimov, em idade avançada, e sua extensa família mantêm com muita dificuldade a harmonia entre os diferentes clás e tribos do país e que, após seu inevitável falecimento, o país poderá entrar em um período de desordem prolongado na medida em que cada uma das facções luta umas contras as outras por poder e influência. Para piorar as coisas, existe uma rivalidade entre o Serviço de Segurança Nacional e o Ministério de Assuntos Internos, que pode levar ambas as instituições em conflito a patrocinar várias forças por procuração na medida em que tentam superar estrategicamente uma à outra no que, ao que tudo indica, se tornaria uma luta violenta por supremacia. As condições sociais perfeitas para uma revolução colorida de sucesso são, portanto, satisfeitas em meio a essa briga caótica entre os serviços de segurança, à agitação doméstica em ebulição e ao vácuo de poder que será deixado após o inevitável falecimento de Karimov.

Mas uma revolução colorida não é a única ameaça que os uzbeques têm a temer, pois o Movimento Islâmico do Uzbequistão (MIU) poderia ressurgir com o colapso do poder do Estado e introduzir um componente de guerra não convencional para completar o pacote para troca de regime. Acreditava-se que essa organização terrorista tinha sido varrida durante a Guerra dos EUA no Afeganistão, mas ela provou sua resiliência escondendo-se no Paquistão durante esse tempo e tornando-se assertiva o bastante até mesmo para praticar um ataque terrorista contra o aeroporto de Karachi em junho de 2014. Além disso, o líder do grupo jurou aliança ao ISIS no outono de 2014, aumentando os riscos de que ambos se infiltrem no Uzbequistão durante um período de grave agitação doméstica e exacerbem a natureza da crise que estiver em vigor no país no momento, seja ela qual for. Uma previsão mais profunda dessa possibilidade seria o IMU/ISIS tirar proveito do suposto sentimento secessionista na república autônoma do Caracalpaquistão no leste do Uzbequistão, tal como fez Al Qaeda com os tuaregues e azauades em Mali depois de 2011. Não é possível determinar ainda se esse movimento é real ou imaginário, mas, não obstante, o que realmente importa é como ele seria vendido e, uma vez que o ISIS já é reconhecido por seu uso magistral das mídias sociais, é possível que ele possa dar alguma assistência de 'poder brando' para seus aliados do IMU se for dado início a essa campanha no Caracalpaquistão. Isso os ajudaria a dar uma ilusão de 'justificativa' para suas conquistas e dificultaria os esforços para investigar o verdadeiro caráter do que estaria realmente acontecendo no Caracalpaquistão.

Devido à localização central do Uzbequistão, uma desestabilização ocorrendo dentro dele poderia facilmente irradiar para os membros da União Eurasiática Cazaquistão e Quirguistão, para o exposto porém geocentral Turcomenistão e para a linha de frente anti-Talibã da OTSC e OCX, o Tajiquistão. Justamente por esses motivos, qualquer distúrbio que saia de controle dentro do Uzbequistão pode muito tentadoramente engendrar uma intervenção russa (seja dentro do país ou ao longo de suas fronteiras) a fim de controlar seus efeitos colaterais adversos, uma vez que Moscou está ciente dos riscos terríveis de uma desestabilização regional brotando dentro desse Estado-núcleo da Ásia Central. Washington também reconhece essa susceptibilidade à segurança *vis-à-vis* os interesses russos, daí por que tem interesse em fomentar os cenários supramencionados acima de tudo e provocar uma resposta militar por parte da Rússia.

Quirguistão

A terra do Quirguistão é também a terra das revoluções coloridas, tendo sofrido dois desses eventos para troca de regime nos últimos dez anos. A localização geoestratégica do Quirguistão entre o Cazaquistão e a região chinesa de Xinjiang, suas posses no importante Vale de Fergana e a base aérea russa situada em Kant fazem dele praticamente um troféu para os planejadores da política estadunidense. Na situação atual, o país está intimamente aliado à Rússia e é o mais novo membro da União Eurasiática, fazendo dele oficialmente o membro mais pobre do grupo, e, por conseguinte, o mais susceptível a influência por manipulações externas. Os EUA compreendem as extremas vulnerabilidades do país, tanto é que enviaram o arquiteto de revoluções coloridas Richard Miles para Bisqueque como agente diplomático a fim de preparar terreno para uma revolução colorida durante as eleições parlamentares de outubro.

O autor investigou essa história minuciosamente em seu artigo "The Male Nuland And The US' Central Asian Strategy" ("A Nuland masculino e a estratégia dos EUA para a Ásia central"), mas, resumindo, Washington parece estar prestes a jogar mais uma carta de revolução colorida quirguiz na mesa a fim de lançar duas ondas de desestabilização à Rússia e à China. É bem possível, caso veja no Uzbequistão potencial como procurador liderado de forma velada na região (a recente diplomacia russa foi bem-sucedida em apaziguar as relações entre Moscou e Tasquente), que Washington até mesmo trame uma terceira rota de desestabilização com vistas a gerar problemas no país e/ou provocar uma crise de longo prazo em suas relações com a Rússia. Para mais informações sobre essa possibilidade, consulte o artigo do autor sobre "The Coming Color

Revolution Chaos And 'Media Crimea' In Kyrgyzstan" ["O caos colorido vindouro e a 'Crimeia da mídia' no Quirguistão"], mas, resumindo, ele trata do irredentismo uzbeque nas áreas controladas por quirguizes no Vale de Fergana.

Uma revolução colorida no Quirguistão também poderia preparar terreno para a volta da rivalidade norte-sul dentro do país, com o risco perturbador de que um sul fora da lei infeste-se de combatentes jihadistas visando o Uzbequistão e Xinjiang na China. A criação de um buraco negro de caos em uma área geograficamente imune a uma intervenção militar convencional (o território montanhoso pronunciado é proibitivo a operações regulares) aumentaria drasticamente os custos para lidar com a crise, potencialmente permitindo sua prolongação indefinida e fortalecendo movimentos armados em combate na região. Se o Quirguistão do Sul se tornar um 'Estado Islâmico' na Ásia Central, ele também poderá expandir seu alcance à região autônoma montanhosa e pouco povoada de Gorno-Badakhshan no Tajiquistão, estabelecendo assim um corredor terrestre para o Afeganistão. O mais novo trunfo estratégico do ISIS, o Coronel Gulmurod Khalimov, chefe da força policial especial tajique, poderia ajudar nessa operação uma vez que está intimamente familiarizado com os planos de contingência para segurança do país e, assim sendo, de suas vulnerabilidades e fraquezas. Se ele partisse do norte do Afeganistão, ele poderia lançar-se contra o Tajiquistão simultaneamente a um 'Quirguistão do Sul' aliado ao ISIS no sentido oposto, criando assim uma ofensiva devastadora vinda de ambos os lados que certamente resultaria em uma resposta militar da Rússia.

Soluções

Cada um dos quatro países examinados compartilha da necessidade conjunta por uma solução centrada na OCX para prevenir-se contra o subterfúgio de revoluções coloridas dos EUA (e, se ele vier, responder contra ele). Para início de conversa, a primeira medida que precisa ser tomada é que a Armênia e o Turcomenistão entrem para a organização. De acordo com o secretário-geral da OCX Dmitry Mezentsev, Erevan planeja tornar-se membro observador na cúpula de julho em Ufa, mas Asgabate ainda precisa voltar pragmaticamente atrás de sua 'neutralidade permanente' e entrar para o time. Esta coloca o Estado da Ásia Central em risco ao deixá-lo de fora da estrutura de segurança maciça que está tomando forma por toda a Eurásia. Embora alguns observadores perguntem-se se o OCX está se tornando inflado com tantas admissões programadas (espera-se que Índia e Paquistão juntem-se como membros de plenos direitos nessa mesma cúpula), esses argumentos não depreciam o progresso feito até agora em coordenar medidas antiterror e contra-desestabilização na Ásia Central. Quanto ao Cáucaso, junto com o *status* de observador planejado do Azerbaijão na organização, o autor postulou que o grupo poderia tornar-se uma força pela paz e estabilidade nessa região atingida por conflitos, e publicou uma série de artigos em que explora esse assunto, o primeiro deles intitulado "SCO Will Be The New Framework For Resolving The Nagorno-Karabakh Conflict" ["A OCX será o novo modelo para solucionar o conflito de Nagorno-Karabakh"].

É inevitável que Rússia e China venham a exercer algum tipo de papel supervisório para coordenar a atividade de estabilização na Ásia Central e no Cáucaso (com Beijing exercendo inevitavelmente papel ali após a Armênia e o Azerbaijão juntarem-se à OCX como membros observadores), mas a questão é até que ponto os dois gigantes eurasiáticos podem se envolver nessa áreas sem ser encurralados em uma intervenção militar convencional como os EUA tentarão provocar. Um equilíbrio muito preciso tem de ser encontrado entre os interesses de curto e longo prazo de Moscou, bem como entre seus instintos militares reacionários e visão estratégica mor, e é certo que os EUA exercerão impecavelmente o papel de advogado do diabo tentando induzir a uma intervenção convencional desvantajosa por parte de sua rival. A chave, então, é que a Rússia entenda a natureza dessas armadilhas antes de cair nelas para que seus dirigentes e estrategistas possam elaborar planos de contingência para evitar cenários desastrosos que um 'Retorno de Brzezinski' imporia, mas, independentemente do que acontecer, algum tipo de atividade conjunta com a OCX se fará necessária para garantir a paz que a Rússia está tentando proteger.

Conclusões

Os EUA estão decididos a desmantelar a influência da Rússia onde quer que seja, o que é ainda mais verdade no caso dos Bálcãs, Oriente Médio, Cáucaso e Ásia Central. Cada um desses cenários contém certas oportunidades e vulnerabilidades para a estratégia mor da Rússia e, portanto, países-chave dentro deles agora estão na linha de tiro da Nova Guerra Fria dos EUA. Esses Estados visados formam um arco contínuo que se estende da Hungria, na Europa Central, ao Quirguistão, na Ásia Central, todos alvos fáceis para os fabricantes de revoluções coloridas dos EUA. Alguns deles também são suscetíveis a guerras não convencionais, que poderiam piorar a desordem interna após o início de uma operação assimétrica para troca de regime, o que faz de sua possível desestabilização duplamente perigosa aos interesses da Rússia. No entanto, demonstrou-se que a cooperação regional nos Bálcãs, Oriente Médio e na ex-esfera soviética é um pré-requisito indiscutível para estabilizar as respectivas situações e fortalecer suas defesas em meio aos desígnios destrutivos dos EUA. Se o arco colorido for capaz de reforçar suas respectivas regiões contra intrusões assimétricas agressivas por parte dos EUA (revoluções coloridas e guerras não convencionais), o futuro do mundo multipolar estará assegurado, mas que ninguém se iluda de que os EUA desistirão de sua cruzada unipolar sem lutar, nem da épica batalha ao longo da vasta linha geográfica da Eurásia, em suas pretensões de dominar a geopolítica pela próxima década.

Referências

Artigos analíticos

Bernays, Edward. "The Engineering of Consent", 1947. Acesso: 9 de julho de 2014. <http://classes.design.ucla.edu/Fall07/28/Engineering_of_consent.pdf>.

Campen, Col. Alan, "Swarming Attacks Challenge Western Way of War". SIGNAL Magazine, abril de 2001. Acesso: 13 de julho de 2014. <http://www.afcea.org/content/?q=node/559>.

Cohen, Roger. "Leading From Behind", The New York Times, 31 de outubro de 2011. Acess: 8 de julho de 2014. <http://www.nytimes.com/2011/11/01/opinion/01ihtedcohen01.html?_r=0>.

Dionne, Jr. , E.J., "The New Obama Doctrine: The U.S. Shouldn't Go It Alone". Investors's Business Daily, 28 de maio de 2014. Acesso: 8 de julho de 2014. <http://news.investors.com/ibd-editorials-on--the-left/052814-702436-usshould-use-military-force-only-when--we-or-allies-arethreatened.htm?ref=SeeAlso>.

Golts, Alexander, "Are Color Revolutions a New Form of War?" The Moscow Times, 2 de junho de 2014. Acesso: 7 de julho de 2014. <http://www.themoscowtimes.com/opinion/article/are-color--revolutions-anew-form-of-war/501353.html>.

Greene, Robert, "OODA and You", 24 de fevereiro de 2007. Acesso: 8 de julho de 2014. <http://powerseductionandwar.com/ooda-and--you/>.

Korybko, Andrew, "Color Revolutions: A Briefing of the Core Theoretical Mechanics". Oriental Review, janeiro de 2014. Acesso: 9 de julho de 2014. <http://orientalreview.org/wp-content/uploads/2014/01/Color-RevolutionTemplate-Briefing-Note-by-Andrew-Korybko.pdf>.

Korybko, Andrew, "Poland as the 'Slavic Turkey' of NATO Destabilization". Oriental Review, 21 de fevereiro de 2014. Acesso: 8 de julho de 2014. <http://orientalreview.org/2014/02/21/poland-as--the-slavic-turkey-of-natodestabilization/comment-page-1/>.

Mackinder, Halford, "The Geographical Pivot of History". The Royal Geographical Society, abril de 1904. Acesso: 7 de julho de 2014. <http://stoa.usp.br/danilousp/files/-1/16432/Geographical+Pivot+at+History+%28Mackinder%29.pdf>.

Petit, Lieutenant Colonel Brian, "Social Media and UW". U.S Army John F. Kennedy Special Warfare Center and School, 1º de abril de 2012. Acesso: 13 de julho de 2014. <http://www.soc.mil/swcs/swmag/archive/SW2502/SW2502SocialMediaAndUW.html>.

Savin, Leonid. "Coaching War." Open Revolt!, 23 de julho de 2014. Acesso: 8 de agosto de 2014. <http://openrevolt.info/2014/07/23/coaching-war-leonid-savin/>.

Savin, Leonid. "Network Centric Strategies in the Arab Spring." . Open Revolt!, 29 de dezembro de 2011. Acesso: 10 de julho de 2014. <http://openrevolt.info/2011/12/29/networkcentric-strategies/>.

Sempa, Francis P., "Spykman's World". American Diplomacy Publishers, abril de 2006. Acesso: 7 de julho de 2014. <http://www.unc.edu/depts/diplomat/item/2006/0406/semp/sempa_spykman.html>.

Szafranski, Richard, "Neocortical Warfare? The Acme of Skill". RAND Corporation, novembro de 1994. Acesso: 9 de julho de 2014. <http://www.rand.org/content/dam/rand/pubs/monograph_reports/MR880/M R880.ch17.pdf>

"US-Military Logic behind Syrian Insurgency. The "Special Forces Unconventional Warfare" manual TC 18-01". NSNBC, 15 de fevereiro de 2012. Acesso: 24 de junho de 2014. <http://nsnbc.me/2012/02/15/us-military-logic-behind-syrian-insurgency-thespecial-forces-uncon/>.

"Who Mr. Tefft is and what he brings to Russia". The Voice of Russia, 2 de julho de 2014. Acesso: 12 de julho de 2014. <http://voiceofrussia.com/2014_07_02/Who-is-Mr-Tefft-andwhat-he-brings-to-Russia-6480/>.

Livros

Arquilla, John, and David F. Ronfeldt. *Swarming and the Future of Conflict*. Santa Monica, CA: RAND, 2000. Web: http://www.rand.org/pubs/documented_ briefings/DB311.html

Arquilla, John, e David F. Ronfeldt. *The Advent of Netwar*. Santa Monica, CA: RAND, 1996. Web: http://www.rand.org/pubs/monograph_reports/MR789.html

Arquilla, John, and David Ronfeldt. *"The Advent of Netwar (Revisited)."* Networks and Netwars: The Future of Terror, Crime, and Militancy. Santa Monica, CA: Rand, 2001. Web: http://www. rand.org/content/dam/rand/pubs/monograph_ reports/MR1382/ MR1382.ch1.pdf

Bernays, Edward, *"Propaganda"*, 1928. Acesso: 9 de julho de 2014. <http://www.whale.to/b/bernays.pdf>.

Blum, William. Killing Hope: *U.S. Military and CIA Interventions Since World War II*. 2e éd. ed. Monroe, ME: Common Courage Press, 2004. Edição Impressa.

Brzezinski, Zbigniew. *The Grand Chessboard: American Primacy and its Geostrategic Imperatives*. Nova York, NY: BasicBooks, 1998. Edição Impressa.

Engdahl, William. *Full Spectrum Dominance: Totalitarian Democracy in the New World Order*. Wiesbaden: edition.engdahl, 2009. Edição impressa.

Liddell Hart, B. H., *"The Strategy of Indirect Approach"*. Acervo da Internet, 1954. Acesso: 7 de julho de 2014. <https://archive.org/stream/ strategyofindire035126mbp/strategyofindire035126mbp_djvu.txt>.

Mirsky, Jonathan, *"Tibet: The CIA's Cancelled War"*. NYREV, Inc. , 9 de abril de 2013. Acesso: 13 de julho de 2014. <http://www.nybooks. com/blogs/nyrblog/2013/apr/09/ciascancelled-war-tibet/>.

Petersen, Alexandros. *The World Island: Eurasian Geopolitics and the Fate of the West*. Santa Barbara: Praeger Security International, 2011. Edição Impressa.

Sharp, Gene. *"198 Methods of Non-Violence Action"*. The Albert Einstein Institution, n.d. Acesso: 11 de julho de 2014. <http://www.aeinstein. org/nva/198- methods-of-nonviolent-action/>.

Sharp, Gene. *From Dictatorship to Democracy: A Conceptual Framework for Liberation*. 4 ed. East Boston: The Albert Einstein Institution, 2010. Web: http://www.aeinstein.org/wp-content/ uploads/2013/09/FDTD.pdf

Sharp, Gene. *There Are Realistic Alternatives*. Boston: Albert Einstein Institution, 2003. Web: http://www.aeinstein.org/wp-content/ uploads/2013/09/TARA.pdf

"Sun Tzu's Art of War - Chapter 3: Attack by Stratagem". John Watson. Web: <http://suntzusaid.com/book/3>.

Filme

How to start a revolution. Dir. Ruaridh Arrow. Media Education Foundation, 2011. Film. <http://www.youtube.com/watch?v=KqrRdQtsRhI>

Notícias e declarações de informação

"As Ukraine leader fights for Kiev, west slips from his grip". Thomson Reuters, 19 de fevereiro de 2014. Acesso: 13 de julho de 2014. <http://www.reuters.com/article/2014/02/19/ukraine-west-idUS-L6N0LO2QU20140219>.

"Assad: Syria is fighting foreign mercenaries". CBS Interactive, 16 de maio de 2012. Acesso: 13 de julho de 2014. <http://www.cbsnews.com/news/assad-syria-is-fightingforeign-mercenaries/>.

Beaumont, Peter. "The truth about Twitter, Facebook and the uprisings in the Arab world". Guardian News and Media, 25 de fevereiro de 2011. Acesso: 11 de julho de 2014. <http://www.theguardian.com/world/2011/feb/25/twitter-facebook-uprisingsarab-libya>.

Beaumont, Peter. "Ukraine edges closer to all-out civil disorder as protests spread from Kiev". Guardian News and Media, 21 de fevereiro de 2014. Acesso: 13 de julho de 2014. <http://www.theguardian.com/world/2014/feb/20/ukraine-protests-spreadfrom-kiev>.

Bierend, Doug. "Photos: The Brutal DIY Weapons of the Ukrainian Revolution". Conde Nast Digital, 9 de março de 2014. Acesso: 13 de julho de 2014. <http://www.wired.com/2014/03/ukraine-diy--weapons/>.

Chivers, C.J., and Eric Schmitt. "Arms Airlift to Syria Rebels Expands, With Aid From C.I.A." The New York Times, 24 de março de 2013. Acesso: 8 de julho de 2014. <http://www.nytimes.com/2013/03/25/world/middleeast/arms-airlift-to-syrianrebels-expands-with-cia--aid.html?pagewanted=all>.

"CIA and the US military operatives train rebels in Turkey and Jordan - report". Autonomous Non-Profit Organization "TV-Novosti", 22 de junho de 2013. Acesso: 8 de julho de 2014. <http://rt.com/news/usa-cia-train-syria-rebels-087/>.

Cockburn, Alexander, e Jeffrey St. Clair. "How Jimmy Carter and I Started the Mujahideen", » CounterPunch: Tells the Facts, Names the Names. CounterPunch, 15 de janeiro de 1998. Acesso: 7 de julho de 2014. <http://www.counterpunch.org/1998/01/15/how-jimmy-carter-and-i-started-the-mujahideen/>.

"Days of Protest in Ukraine". The Atlantic. The Atlantic Monthly Group, 2 de dezembro de 2013. Acesso: 13 de julho de 2014. <http://www.theatlantic.com/infocus/2013/12/daysof-protest-in-ukraine/100638/>.

"Edward Bernays, 'Father of Public Relations' And Leader in Opinion Making, Dies at 103". The New York Times, 10 de março de 1995. Acesso: 9 de julho de 2014. <http://www.nytimes.com/books/98/08/16/specials/bernays-obit.html>.

"Estonian Foreign Ministry confirms authenticity of leaked call on Kiev snipers". Autonomous Non-Profit Organization "TV-Novosti", 7 de março de 2014. Acesso: 13 de julho de 2014. <http://rt.com/news/estonia-confirm-leaked-tape-970/>.

"Facebook mind control experiments linked to DoD research on civil unrest". Autonomous Non-Profit Organization "TV-Novosti", 3 de julho de 2014. Acesso: 11 de julho de 2014. <http://rt.com/usa/169848-pentagon-facebook-study-minerva/>.

Farber, M. A. "INFILTRATION ASSESSMENTS DEFENDED AT CBS TRIAL". The New York Times, 6 de novembro de 1984. Acesso: 13 de julho de 2014. <http://www.nytimes.com/1984/11/07/movies/infiltration-assessments-defended-at-cbs-trial.html>.

Flintoff, John-Paul. "Gene Sharp: The Machiavelli of non-violence". New Statesman, 3 de janeiro de 2013. Acesso: 24 de junho de 2014. <http://www.newstatesman.com/politics/your-democracy/2013/01/gene-sharp-machiavelli-non-violence>.

"Foreign Fighters In Syria Raise Fears". NPR, 8 de dezembro de 2013. Acesso: 25 de junho de 2014. <http://www.npr.org/templates/story/story.php?storyId=249570013>.

Giovanni, Janine. "The Quiet American". The New York Times, 8 de setembro de 2012. Acesso: 11 de julho de 2014. <http://www.nytimes.com/2012/09/09/t-magazine/gene-sharptheorist-of-power.html?pagewanted=all&_r=0>.

Glanz, James, e Alissa Rubin. "Blackwater Shootings 'Deliberate Murder,' Iraq Says". The New York Times, 7 de outubro de 2007. Acesso: 13 de julho de 2014. <http://www.nytimes.com/2007/10/08/world/middleeast/08blackwater.html?p agewanted=all&_r=0>.

Gray, Louise. "Gene Sharp: How to Start a Revolution". Telegraph Media Group Limited, 21 de outubro de 2011. Acesso: 11 de julho de 2014. <http://www.telegraph.co.uk/culture/film/filmmaker-sonfilm/8841546/GeneSharp-How-to-Start-a-Revolution.html>.

"Gulf-sponsored: Multi-million monthly cash-flow for Syrian rebels". Autonomous Non-Profit Organization "TV-Novosti", 2 de abril de 2012. Acesso: 13 de julho de 2014. <http://rt.com/news/snc-gulf--countries-fund-rebels-972/>.

Higgins, Andrew. "A Ukraine City Spins Beyond the Government's Reach." The New York Times, 15 de fevereiro de 2014. Acesso: 13 de julho de 2014. <http://www.nytimes.com/2014/02/16/world/europe/a-ukraine-city-spinsbeyond-the-governments-reach.html>.

Hodge, Nathan. "Did the U.S. Prep Georgia for War with Russia?". Conde Nast Digital, 8 de agosto de 2008. Acesso: 12 de julho de 2014. <http://www.wired.com/2008/08/didus-military/>.

"Joint Vision 2020 Emphasizes Full-spectrum Dominance". U.S. Department of Defense, 2 de junho de 2000. Acesso: 8 de julho de 2014. <http://www.defense.gov/news/newsarticle.aspx?id=45289>.

Karmanau, Yuras, and Laura Mills. "Ukraine protesters storm office and force regional governor to resign as demonstrations continue in smouldering Kyiv". National Post, 23 de janeiro de 2014. Acesso: 14 de julho de 2014. <http://news.nationalpost.com/2014/01/23/ukraine-protesters-storm-officeand-force-regional-governor-to--resign-as-demonstrations-continue-insmouldering-kyiv/>.

Luckerson, Victor. "How to Opt Out of Facebook's New Ad-Targeting Program". Time, 12 de junho de 2014. Acesso: 11 de julho de 2014. <http://time.com/2864482/facebookads-opt-out/>.

Mackay, Mairi. "Gene Sharp: A dictator's worst nightmare". Cable News network, 25 de junho de 2012. Acesso: 11 de julho de 2014. <http://edition.cnn.com/2012/06/23/world/gene-sharp-revolutionary/>.

Matthews, Owen. "Ukraine: Heading for Civil War". Newsweek LLC, 20 de fevereiro de 2014. Acesso: 14 de julho de 2014. <http://www.newsweek.com/2014/02/21/ukraineheading-civil-war-245564.html>.

Meyssan, Thierry. "Ukraine: Poland trained putchists two months in advance". Voltaire Network, 19 de abril de 2014. Acesso: 13 de julho de 2014. <http://www.voltairenet.org/article183373.html>.

Mezzofiore, Gianluca. "Ukraine Facing Civil War: Lviv Declares Independence from Yanukovich Rule", IBTimes, 19 de fevereiro de 2014. Acesso: 13 de julho de 2014. <http://www.ibtimes.co.uk/

ukraine-facing-civil-war-lviv-declares-independenceyanukovich--rule-1437092>.

Milhelm, R., e H. Said. "Electricity Ministry: Southern power generating stations stop due to terrorist attacks". Syrian Arab News Agency, 7 de julho de 2014. Acesso: 13 de julho de 2014. <http://www.sana.sy/en/?p=5763>.

"Revealed: Pentagon spent millions studying how to influence social media". Autonomous Non-Profit Organization "TV-Novosti", 8 de julho de 2014. Acesso: 11 de julho de 2014. <http://rt.com/usa/171356-darpa-social-media-study/>.

Richards, Deborah. "The Twitter jihad: ISIS insurgents in Iraq, Syria using social media to recruit fighters, promote violence" .ABC, 21 de junho de 2014. Acesso: 13 de julho de 2014. <http://www.abc.net.au/news/2014-06-20/isis-using-social-media-torecruit-fighters--promote-violence/5540474>.

"Russia urges US to stop involvement of mercenaries in conflict in Ukraine." The Voice of Russia, 5 de junho de 2014. Acesso: 13 de julho de 2014. <http://voiceofrussia.com/news/2014_06_05/Russia-urges-US-to-stopinvolvement-of-mercenaries-in-conflict--in-Ukraine-8411/>.

Serwer, Adam. "Obama embraces special operations forces". msnbc.com. NBC News Digital, 25 de junho de 2014. Acesso: 13 de julho de 2014. <http://www.msnbc.com/msnbc/obama-embraces-special--operations-forces>.

Shanker, Thom, and Helene Cooper. "Pentagon Plans to Shrink Army to PreWorld War II Level." The New York Times, 23 de fevereiro de 2014. Acesso: 13 de julho de 2014. <http://www.nytimes.com/2014/02/24/us/politics/pentagon-plans-to-shrinkarmy-to-pre--world-war-ii-level.html>.

Smith, Matt, e Pam Benson. "U.S. to face 2030 as 'first among equals,' report projects". Cable News Network, 11 de dezembro de 2012. Acesso: 8 de julho de 2014. <http://edition.cnn.com/2012/12/10/us/intelligence-2030/>.

Sridharan, Vasudevan. "Ukraine Crisis: Protesters Take Dozens of Police as Hostages". IBTimes, 21 de fevereiro de 2014. Acesso: 13 de julho de 2014. <http://www.ibtimes.co.uk/ukraine-unrest--protesters-take-dozens-policehostages-1437322>.

Stein, Jeff . "Nice Invisibility Cloak!". Newsweek LLC, 11 de outubro de 2013. Acesso: 12 de julho de 2014. <http://www.newsweek.com/2013/10/11/nice-invisibilitycloak-238088.html>.

"The 7 Governments the US Has Overthrown". Foreign Policy, 19 de agosto de 2013. Acesso: 24 de junho de 2014. <http://www.foreignpolicy.com/articles/2013/08/19/map_7_confirmed_cia_backed_coups>.

Trowbridge, Alexander, and Clarissa Ward. "Dutch spy chief: Social media fueling terror "swarm". CBS Interactive, 8 de julho de 2014. Acesso: 13 de julho de 2014. <http://www.cbsnews.com/news/dutch-spy-chief-social-media-fueling-terrorswarm/>.

"UK and US would 'go it alone on Iraq'", Telegraph Media Group Limited, 18 de outubro de 2002. Acesso: 8 de julho de 2014. <http://www.telegraph.co.uk/news/1410560/UK-andUS-would--go-it-alone-on-Iraq.html>.

"Ukraine nationalist leader calls on 'most wanted' terrorist Umarov 'to act against Russia'." Autonomous Non-Profit Organization "TV-Novosti", 5 de março de 2014. Acesso: 13 de julho de 2014. <http://rt.com/news/yarosh-nationalist-addressumarov-380/>.

"Ukraine unrest: State of emergency threat to anti-government protesters occupying justice ministry headquarters." ABC, 27 de janeiro de 2014. Acesso: 13 de julho de 2014. <http://www.abc.net.au/news/2014-01-27/ukraine-unrest3a-state-ofemergency-threat-to--anti-government-/5221454>.

"Ukrainian Protesters Block Border with Poland". Novinite, 19 de fevereiro de 2014. Acesso: 14 de julho de 2014. <http://www.novinite.com/articles/158354/ Ukrainian+Protesters+Block+Border+with+Poland>.

Walker, Shaun. "Ukrainian far-right group claims to be co-ordinating violence in Kiev", Guardian News and Media, 24 de janeiro de 2014. Acesso: 13 de julho de 2014. <http://www.theguardian.com/world/2014/jan/23/ukrainian-far-right-groupsviolence-kiev--pravy-sektor>.

Weinberger, Sharon. "Russia Claims Georgia in Arms Build Up". Conde Nast Digital, 19 de maio de 2008. Acesso: 12 de julho 2014. <http://www.wired.com/2008/05/russia-tallies/>.

"Yes, we can: Obama waives anti-terrorism provisions to arm Syrian rebels". Autonomous Non-Profit Organization "TV-Novosti", 18 de setembro de 2013. Acesso: 13 de julho de 2014. <http://rt.com/usa/obama-terrorist-arms-supply-966/>.

Yi, Suli, e Fangfang Zhang. "'Arab Spring' Revolutions Follow Game Plan from 1993 Book". Voice of America, 5 de junho de 2011. Acesso: 11 de julho de 2014. <http://www.voanews.com/

content/arab-spring-revolutions-follow-game-planfrom-1993--book-123273468/173007.html>.

"'You are either with us or against us'". Cable News network, 6 de novembro de 2001. Acesso: 8 de julho de 2014. <http://edition. cnn.com/2001/US/11/06/gen.attack.on.terror/>.

Documentos e fontes oficiais

Gates, Robert. "The Security and Defense Agenda (Future of NATO)". U.S. Department of Defense, 10 e junho de 2011. Acesso: 8 de julho de 2014. <http://www.defense.gov/speeches/speech. aspx?speechid=1581>.

"Global Trends 2030: Alternative Worlds." . Office of the Director of National intelligence, 10 de dezembro de 2012. Acesso: 8 de julho de 2014. <http://www.dni.gov/index.php/about/organization/ national-intelligencecouncil-global-trends>.

"Joint Vision 2020". U.S. Department of Defense, 30 de maio de 2000. Acesso: 8 de julho de 2014. < http://mattcegelske.com/joint--vision-2020-americas-military-preparingfor-tomorrow-strategy/ >.

Obama, Barack. "Full transcript of President Obama's commencement address at West Point." The Washington Post, 28 de maio de 2014. Acesso: 8 de julho de 2014. <http://www.washingtonpost.com/ politics/full-text-of-president-obamascommencement-address-at--west-point/2014/05/28/cfbcdcaa-e670-11e3-afc6- a1dd9407ab-cf_story.html>.

"Special Operations in the China-Burma-India Theater". U.S. Army Center of Military History, n.d. Acesso: 13 de julho de 2014. <http://www.history.army.mil/ books/wwii/70-42/70-425.html>.

"TC 18-01 Special Forces Unconventional Warfare." . NSNBC, 30 de novembro de 2010. Acesso: 24 de junho de 2014. <http://nsnbc. me/wp-content/uploads/2012/02/special-forcesuw-tc-18-01.pdf>.

Think tanks e publicações de pesquisa

Arasli, Jahangir. "States vs. Non-State Actors: Asymmetric Conflict of the 21st Century and Challenges to Military Transformation". INEGMA, março de 2011. Acesso: 7 de julho de 2014. <http:// www.inegma.com/Admin/Content/File-81020131379.pdf>.

Caro, Gianni Di. "An Introduction to Swarm Intelligence Issues". The University of Washington, n.d. Acesso: 11 de julho de 2014. <http://staff.washington.edu/paymana/swarm/dicaro_lecture1.pdf>.

Carpenter, Ted Galen. "U.S. Aid to Anti-Communist Rebels: The "Reagan Doctrine" and Its Pitfalls". The Cato Institute, 24 de junho de 1986. Acesso: 24 de junho de 2014. <http://www.cato.org/pubs/pas/pa074.html>.

Cebrowski, Vice Admiral Arthur, and John Garstka. "Network--Centric Warfare: Its Origin and Future". U.S. Naval Institute, janeiro de 1998. Acesso: 10 de julho de 2014. <http://www.usni.org/magazines/proceedings/1998-01/network-centricwarfare-its--origin-and-future>.

Cordesman, Anthony. "Russia and the "Color Revolution": A Russian Military View of a World Destabilized by the US and the West (Full Report)". Center for Strategic and International Studies, 28 de maio de 2014. Acesso: 7 de julho de 2014. <http://csis.org/files/publication/140529_Russia_Color_Revolution_Full.pdf>.

Diehl, Paul F., e Paul R. Hensel. "Testing empirical propositions about shatterbelts". University of Illinois at Urbana-Champaign, 1994. Acesso: 7 de julho de 2014. <http://www.paulhensel.org/Research/pgq94.pdf>.

Due-Gundersen, Nicolai. "The Status of Private Military Companies: When Civilians and Mercenaries Blur". Small Wars Journal, 31 de julho de 2013. Acesso: 13 de julho de 2014. <http://smallwarsjournal.com/jrnl/art/the-status-of-private-militarycompanies-when--civilians-and-mercenaries-blur>.

Fettweis, Christopher. "Eurasia, the "World Island": Geopolitics, and Policymaking in the 21st Century". GlobalResearch.ca, 14 de março de 2006. Acesso: 7 de julho de 2014. <http://www.globalresearch.ca/eurasia-the-world-island-geopolitics-andpolicymaking-in-the--21st-century/2095>.

Isenberg, David. "Private Military Contractors and U.S. Grand Strategy". The Cato Institute, Jan. 2009. Acesso: 13 de julho de 2014. <http://object.cato.org/sites/cato.org/files/articles/isenbergprivate%2520military-contractors-2009.pdf>.

Lind, William, Colonel Keith Nightengale, Captain John Schmitt, Colonel Joseph Sutton, e Lieutenant Colonel Gary Wilson. "The Changing Face of War: Into the Fourth Generation". Marine Corps Gazette, outubro de 1989. Acesso: 7 de julho de 2014. <http://

GUERRAS HÍBRIDAS 171

globalguerrillas.typepad.com/lind/the-changing-face-of-war-into--thefourth-generation.html>.

Mann, Steven. "Chaos Theory and Strategic Thought." . Parameters, outono de 1992. Acesso: 8 de julho de 2014. <http://strategicstudiesinstitute.army.mil/pubs/ parameters/Articles/1992/1992%20 mann.pdf>.

Nazemroaya, Mahdi Darius. "Iraq and Syria are Burning, "Constructive Chaos" and America's Broader Strategy to Conquer Eurasia". GlobalResearch.ca, 23 de junho de 2014. Acesso: 8 de julho de 2014. <http://www.globalresearch.ca/iraq-and-syria-burninga--collection-of-articles-about-constructive-chaos-at-work/5388270>.

Nazemroaya, Mahdi Darius. "Plans for Redrawing the Middle East: The Project for a "New Middle East". GlobalResearch.ca, 14 de junho de 2014. Acesso: 8 de julho de 2014. <http://www.global-research.ca/plans-for-redrawing-the-middle-east-theproject-for-a--new-middle-east/3882>.

Niekerk, Brett Van, e Manoj Maharaj. "Social Media and Information Conflict". International Journal of Communication, 14 de maio de 2012. Acesso: 10 de julho de 2014. <http://ijoc.org/index.php/ ijoc/article/viewFile/1658/919>.

Piepmeyer, Anna. "Collective consciousness". The University of Chicago, Winter 2007. Acesso: 11 de julho de 2014. <http://csmt. uchicago.edu/glossary2004/ collectiveconsciousness.htm>.

Priest, Dana, e William Arkin. "A hidden world, growing beyond control." The Washington Post, setembro de 2010. Acesso: 13 de julho de 2014. <http://projects.washingtonpost.com/top-secret-america/ articles/a-hiddenworld-growing-beyond-control/>.

Shahskov, Sergei. "The theory of 'manageable chaos' put into practice". Strategic Culture Foundation, 1º de março de 2011. Acesso: 8 de julho de 2014. <http://www.strategicculture.org/news/2011/03/01/ the-theory-of-manageable-chaos-put-intopractice.html>.

Warden, Colonel John. "The Enemy as a System". Airpower Journal, Spring 1995. Acesso: 7 de julho de 2014. <http://www.emory.edu/ BUSINESS/mil/ EnemyAsSystem.pdf>.

Agradecimentos

Antes de mais nada, gostaria de agradecer a deus por tudo que me proporcionou na vida. Minha família e meus amigos também foram providenciais com todo o apoio que me deram, em especial meus avós, Eleanor e Richard. Também gostaria de agradecer a minha mãe Mary por todo o amor e carinho que me proporcionou enquanto ainda era viva. Mesmo nunca tendo entendido meu trabalho direito, ainda assim ela sentia orgulho de mim, tal é o amor incondicional que uma mãe sente pelo filho.

Agradecimentos especiais vão para Andrey Fomin do periódico *Oriental Review* por todo o seu precioso tempo com consultas a publicações antigas. Além disso, sou grato a Andrei Bezrukov por apoiar meu trabalho e me incentivar a publicá-lo antes de mais nada, e agradeço a George Filimonov e Nikita Danyuk por me ajudarem com a publicação física. Também sou muito grato pelas experiências de vida que tive, pois todas elas, de um jeito ou de outro, influíram em minha visão de mundo e percepção das relações internacionais.

Este livro é dedicado a Hamsa. Lembro-me de janeiro de 2014, quando você me contou que o que estava acontecendo na Ucrânia era igualzinho o que acontecera na Síria antes da crise sair de controle. Se não fosse isso, jamais teria pensado em traçar os paralelos entre as duas situações e jamais teria elaborado minha teoria da guerra híbrida. Com as mais sinceras gratidões por *tudo*, dedico este livro a você.